‘Yn y llyfr teimladwy, hamddenol hwn fe
fathau o bererindod – nid pererindod i l
daith i bresenoldeb a rhodd dreiddiol a dw
ystyr byw fel corff bregus a dioddefus. Du
teithiau hyn i gyd. Mae hwn yn llyfr rhyfeddol o fyfyrdod, galarnad a dathlu.’

Rowan Williams, diwinydd a chyn-Archesgob Caergaint

‘Trwy blethu ynghyd ei brofiad o gerdded llwybr pererin hynafol yn ei annwyl Ogledd Cymru a’i brofiad o anaf difrifol, mae Trystan Owain Hughes yn y llyfr gafaelgar hwn yn disgrifio sut y gallwn ddysgu gweld Duw ar waith yn ein bywydau, hyd yn oed ar yr adegau tywyllaf. Trwy ysgrifennu’n fywiog a myfyrio’n onest, gan gynnwys cyfeiriadau yma ac acw at farddoniaeth a nofelau yn ogystal â’r ysgrythur, mae’n ein cymell i fyfyrio ar ein teithiau a’n pererindodau ein hunain; yn weledig ac anweledig. Cynhwysir cwestiynau ar gyfer myfyrdod ar ddiwedd pob pennod, ac mae hwn yn llyfr rhyfeddol a fydd yn cyfoethogi unigolion a grwpiau astudio.’

Cherry Vann, Archesgob Cymru; Llyfr Grawys Archesgob Cymru 2026

‘Nid dim ond hanes taith, ond hanes bywyd. Mae llyfr Trystan yn ingol, yn heriol ac yn arteithiol o onest. Mae’n ein hatgoffa y gall gobaith ragori ar yr anobaith dyfnaf.’

Rob Parsons, OBE, awdur a siaradwr

‘Anhygoel! Dwi wir wedi mwynhau darllen y llyfr yma. Dwi’n hollol hyderus y bydd o les i eraill wrth iddyn nhw gamu ar eu pererindodau. Mae gennym ni gymaint i’w ddysgu gan brofiadau Trystan.’

Glyn Wise, personoliaeth teledu ac offeiriad

‘Mae’r gwahoddiad hwn i ymuno â Trystan Owain Hughes ar Daith Pererin Gogledd Cymru yn ffenestr bwerus i rodd a dyfnder pererindod. Mae’r cyfuniad o’i freuder a’i sylw i ddoethineb, o Awstin Sant i Depeche Mode, yn ei wneud yn ddiwinydd adfywiol ac yn unigolyn gobeithiol. Byddaf yn siŵr o ddychwelyd at y llyfr hwn.’

Paul Davies, Esgob Dorking

‘Atgofion o ddwy ‘bererindod’ wedi eu hysgrifennu’n hyfryd a chofiadwy: y gyntaf yn ddewisol, ar hyd llwybrau pererinion Cymru; yr ail wedi’i gorfodi gan amgylchiadau, wrth i boen ddod i reoli bywyd yr awdur. Mae ei onestrwydd dirdynnol yn ein hannog i ddarganfod gobaith yng nghanol adfyd a rhannu ei ganfyddiad drud y gall “ein hagor ein hunain i oleuni a chariad Duw drawsnewid ein teithiau i gyd”.’

Yr Athro Dee Dyas,
Cyfarwyddwr y Ganolfan Astudiaethau Pererindod, Prifysgol Caerefrog

Trwy'r Anialwch

Pererindod, dioddefaint a gobaith

Trystan Owain Hughes

Testun gwreiddiol: Trystan Owain Hughes
Cyhoeddwyd yn wreiddiol gan Bible Reading Fellowship 15 The Chambers, Vineyard, Abingdon OX14 3FE o dan y teitl
To Hell's Mouth and Back - ISBN 978 1 80039 426 1
www.brf.org.uk

Addasiad Cymraeg: Mair Jones Parry
Golygydd Cyffredinol: Aled Davies
Llun y Clawr: Trystan Owain Hughes

Diolch i Gymdeithas y Beibl am bob cydweithrediad wrth ddyfynnu o'r Beibl Cymraeg Newydd Diwygiedig.

Argraffwyd oddi fewn i'r Undeb Ewropeaidd

Cyhoeddwyd gan
Cyhoeddiadau'r Gair, Cyngor Ysgolion Sul Cymru,
Ael y Bryn, Chwilog, Pwllheli, Gwynedd LL53 6SH.

www.ysgolsul.com

Cynnwys

Diolchiadau

Dymunaf ddiolch o galon i gyfeillion a theulu sydd wedi cefnogi fy ngwaith ysgrifennu ar hyd y blynyddoedd. Mae eich cariad a'ch brwdfrydedd diddiwedd wedi troi'r gwaith llafurus o ysgrifennu yn antur gwerth chweil. Y llyfr hwn yw un o fy ngweithiau mwyaf personol, ac rwyf yn wirioneddol ddiolchgar am bob cefnogaeth ar hyd y daith.

Diolch yn arbennig iawn i Sue Hurrell (a Bruce) a fy ngwraig Sandra, ac y mae eu hawgrymiadau doeth hwy a'u hymroddiad i brawfddarllen pob pennod wedi cyfoethogi'r gwaith hwn yn ddi-ben-draw. Rwyf hefyd yn ddiolchgar dros ben i Peter Jones, Marc Hughes, Ainsley Griffiths, Jenny Wigley, Gaz Roberts, Wynford Ellis Owen ac Eleanor Williams am eu cyngor a'u cymorth gwerthfawr. Llawer o ddiolch hefyd i bawb yn BRF Ministries am gredu bod fy ngwaith yn werth ei rannu ag eraill. Diolch hefyd i'r rhai sydd wedi sicrhau bod fersiwn Gymraeg o'r llyfr yn cael ei gyhoeddi – Ymddiriedolaeth Isla Johnson, Cyngor Ysgolion Sul, Mair Jones Parry ac Aled Davies.

Cyflwynir y llyfr hwn, fodd bynnag, i'r rhai sydd wedi teithio gyda mi ar fy nwy bererindod. Llwyddodd eu cwmni, eu cefnogaeth a'u tosturi i'm codi a'm cynnal bob cam o'r ffordd.

Y Bererindod Gyntaf
(Taith y Pererin, Gogledd Cymru)
Diolch i Mam a Dad (Ros a Berw), Sandra Hughes, Angharad Sherrington, Perry Buck, Dafydd Bathers, George Oliver, Meinir Pierce Jones, Denise a Geoff Templeton, a Robin Fox.

Yr Ail Bererindod
(Y soffa goch, Parc y Rhath, Caerdydd)
Diolch i Colin ac Ann Francis, Haydn a Jill Hopkins, Chris Burr, Andy Wilkinson a Helen Blakely, Gwilym Roberts, Wyn Griffith, Gareth Erlandson, Jenny Wigley, Linda Alexandra, Anneliese Harnisch, Siôn Brynach, Julie a Martin Davies, Greg Dixon, Kath a Mike Lawley, Paul Fitzpatrick, Val Jones, Steve Edwards, Andrew James, Natalie Garrett, Emil Evans, Gareth Harcombe,

Jordan Hillebert, Caroline Downs, Richard Lowndes, Paul Francis, Norman Adams, Yr Archesgob Barry Morgan, ac i gymuned ardderchog eglwys Christ Church, Parc y Rhath.

Yn olaf, diolch anferth i fy nheulu am eu cariad a'u hamynedd diddiwedd – i Lukas, Lena, Macsen Iago, ac, wrth gwrs, fy ngwraig anhygoel, Sandra. *Ich liebe dich meine Familie*.

Who would have thought my shrivel'd heart
Could have recover'd greenness? It was gone
Quite underground...
And now in age I bud again,
After so many deaths I live and write
George Herbert

Prolog

Pan fyddwch yn dod i le newydd, rydych yn dweud eich hanes;
y stori o ble rydych yn dod a sut y daethoch yma,
oherwydd dyna yw'r stori sy'n dweud pwy ydych chi.
Kate Clanchy, bardd

Dim ond tuag yn ôl y gellir deall bywyd;
ond rhaid ei fyw tuag ymlaen.
Søren Kierkegaard, athronydd

Y cam cyntaf

Ysgrifennodd Plato yn *The Republic* mai'r dechrau yw rhan bwysicaf unrhyw waith. Gellid dweud yr un peth am bererindod hefyd. Ni ellir gorbwysleisio pwysigrwydd y cam cyntaf, tyngedfennol hwnnw – mae'n gofyn am ddewrder, penderfyniad ac ymrwymiad diwyro. Tra bo rhai efallai yn amau gwerth teithiau ysbrydol, mae'r pererin yn camu rhagddo yn llawn cyffro a gobaith, yn cael ei annog ymlaen gan yr antur a'r dirgelwch sydd i ddod. Wrth i mi sefyll ar dir Abaty canoloesol Dinas Basing yn Sir y Fflint, Gogledd Cymru, a thaflu fy sach deithio dros f'ysgwydd, cymerais gam cyntaf y daith 140 milltir a gerddwyd gan bererinion eraill dirifedi dros ganrifoedd lawer. Yr eiliad honno, teimlwn gysylltiad nid yn unig â'r llwybr ymlaen ond hefyd ag olion traed y rhai oedd wedi'i deithio o fy mlaen, a phob un ohonynt yn dwyn gyda hwy eu gobeithion, eu brwydrau a'u gweddïau eu hunain.

Yn yr wythnosau yn arwain at fy nhaith, ni allwn lai na rhannu fy antur arfaethedig ag unrhyw un oedd yn barod i wrando. Bob tro y byddai rhywun yn canmol fy newrder, byddai eu geiriau yn f'atgoffa nad taith gyffredin fyddai hon. Ac eto ni allai dim fod wedi fy mharatoi mewn gwirionedd at gael fy llethu'n llwyr gan dair wythnos o gerdded diarbed. Ac, fel y digwyddodd, nid y milltiroedd a deithiais oedd yr wir her ond, yn hytrach, y daith lafurus oedd o fy mlaen yn ystod y misoedd dilynol. Efallai mai cam cyntaf fy mhererindod oedd y pwysicaf, ond nid dyna'r rhan anoddaf o bell ffordd.

Teithiau ffydd

Yn y blynyddoedd diweddar, mae pererindod wedi mwynhau bri o'r newydd, gan ddal diddordeb pobl o bob math o gefndir. Bu'r adfywiad hwn yn arbennig o amlwg yng Nghymru, lle bu buddsoddi sylweddol er mwyn adfer a datblygu llwybrau pererindod hynafol, gan ddenu mwy o gerddwyr nag ar unrhyw amser ers y Diwygiad Protestannaidd. Tu hwnt i'r bodlonrwydd corfforol a meddyliol a deimlir ar ôl cwblhau'r teithiau hyn, mae gwefr i'w theimlo wrth ddilyn yn ôl troed y seintiau a gerddodd y llwybrau hyn ganrifoedd yn ôl. Mae'r cyfaredd a deimlir o'r newydd ynglŷn â phererindod wedi cyrraedd ein sgriniau hyd yn oed. Mae cyfres ddogfen y BBC *Pilgrimage* wedi cyflwyno'r profiad i gynulleidfa ehangach fyth, wrth i enwogion o wahanol gefndiroedd wisgo eu hesgidiau cerdded, rhoi eu sachau teithio ar eu hysgwyddau, a chychwyn ar hyd llwybrau enwog. Wrth fynd ar eu taith maent yn rhannu eu storïau, yn ymgodymu â chwestiynau ffydd, ac yn gofyn a oes gan y llwybrau hynafol hyn unrhyw arwyddocâd i gredinwyr ac anghredinwyr heddiw.

Mae anthropolegwyr yn awgrymu bod teithiau ysbrydol yn ymestyn yn ôl yn llawer pellach na'r llwybrau treuliedig a gerddwn heddiw. Mae rhai hyd yn oed yn dadlau bod gan bererindod wreiddiau esblygol, yn adleisio ymfudiad hynafol adar ac anifeiliaid. O ddyddiau cynharaf dynoliaeth roedd teithio yn angenrheidiol, naill ai er mwyn goroesi, fel yn hanes ein hynafiaid a grwydrai i hela neu chwilio am fwyd a chynhesrwydd, neu oherwydd ffydd, fel y gwelir mewn testunau sanctaidd fel yr Hen Destament a'r Testament Newydd. Cyrhaeddodd pererindod benllanw poblogrwydd yn y Gorllewin yn ystod yr Oesoedd Canol, pan anogai'r eglwys gredinwyr i deithio i chwilio am gyswllt dwyfol, maddeuant a chymod. Yn wir, mewn teithiau crefyddol y mae gwreiddiau'r gwyliau pecyn cyfoes, gan mai trwy drefnu teithiau ar gyfer pererinion Cristnogol i'r Wlad Sanctaidd y datblygodd y gŵr busnes llwyddiannus Thomas Cook ei ymerodraeth deithio fyd-eang yn y bedwaredd ganrif ar bymtheg.

Fodd bynnag, ni chafodd pererindod ei chroesawu a'i hannog bob amser. O ddiwygwyr Protestannaidd yr unfed ganrif ar bymtheg i arweinwyr comiwnyddol yr ugeinfed ganrif, mae enwogion grymus wedi ceisio ei darostwng. Er hynny, canfu pobl ffyrdd i deithio, naill ai trwy ymweld â chreirfeydd hynafol yn gyfrinachol a heb dynnu sylw atynt eu hunain neu trwy fynd ar bererindodau seciwlar i leoedd fel bedd Lenin yn y Sgwâr Coch neu fawsolëwm Mao Zedong yn Sgwâr Tiananmen. Waeth beth fo'r rhwystrau, goroesodd pererindod. Ymddengys ei bod wedi'i gwau i mewn i'n cyfansoddiad.

Taith y Pererin

Mae Taith Pererin Gogledd Cymru yn llwybr yr oeddwn wedi dyheu am ei droedio ers llawer blwyddyn. Pan oeddwn yn f'arddegau roeddwn wedi gwirioni â syrffio. A minnau yn tyfu i fyny yng Ngogledd Cymru, fy hoff leoliad ar gyfer syrffio oedd bae pedair milltir tywodlyd o'r enw Porth Neigwl ar ben gorllewinol pellaf Gogledd Cymru, ym mhen draw Penrhyn Llŷn. Byddwn yn gwersylla gyda chyfaill ar ben y graig ac yn deffro'n gynnar er mwyn taro'r tonnau anferth a hyrddiai yn erbyn y traeth. Yr enw Saesneg ar y bae yw Hell's Mouth, gan ei fod yn edrych fel agen fygythiol ac wedi bod yn y gorffennol yn lle peryglus iawn i longwyr mewn stormydd. Ar ddiwedd diwrnod cyffrous o syrffio, byddai fy ffrind a fi yn gyrru i gopa â'r enw diddychymyg Mynydd Mawr i wylio'r haul yn machlud dros harddwch Ynys Enlli.

Daeth yr ynys unig hon yn lle hudol a chyfriniol yn fy meddwl – byddai fy nhad yn sôn amdano'i hun yn mynd yno ar bererindod pan oedd yn ifanc a byddai fy mrawd, oherwydd ei fod yn adarydd, yn mynd yno i wersylla er mwyn olrhain ymfudiad adar. Pan ddechreuais astudio hanes yn y brifysgol, fe'm cyfareddwyd gan hanes hynafol yr ynys. Roedd pobl Oes Newydd y Cerrig yn byw mewn cytiau carreg ar yr ynys dros 4,000 mlynedd yn ôl, ac mae bron yn sicr fod i'r lle arwyddocâd ysbrydol erbyn hynny.

Dywedir bod Cristnogion cynnar wedi cael eu herlid ac o'r herwydd wedi cuddio ar Ynys Enlli rhag eu gorthrymwyr paganaidd, ac mai dyna pryd y tyfodd pwysigrwydd yr ynys fel safle Cristnogol. Erbyn diwedd y chweched ganrif roedd Sant Cadfan wedi sefydlu ei fynachlog yno. Yn yr Oesoedd Canol, cyhoeddodd y Pab Callixtus II fod yr ynys yn un o'r safleoedd mwyaf sanctaidd ym Mhrydain. Fe'i hystyrid yn lle mor sanctaidd fel y credid y byddai marw ar yr ynys yn sicrhau cael eich gwneud yn sant a chael mynediad di-oed i'r nefoedd. Roedd hyd yn oed adegau pan gâi eirch eu cludo drosodd i'r ynys, gan obeithio y byddai claddedigaeth ym mhridd yr ynys yr un mor effeithiol â marw yno.

Yn ystod fy mlynyddoedd yn syrffio y clywais gyntaf am Daith y Pererin. Llwybr pererindod canoloesol ydyw sy'n mynd ar hyd pen uchaf Gogledd Cymru o Abaty Dinas Basing, y fynachlog ganoloesol ger Treffynnon, i Ynys Enlli oddi ar arfordir Porth Neigwl. Yn fy arddegau, teimlwn yn sicr y byddwn ryw ddiwrnod yn cerdded yn ôl troed y pererinion cynnar hynny.

Fel y digwyddodd, byddai sawl blwyddyn yn mynd heibio cyn i mi allu gwneud y daith honno. Ar y dechrau, gwaith oedd i gyfrif am hynny gan na allwn sicrhau tair wythnos yn olynol o wyliau i gwblhau'r daith. Yn fuan, fodd bynnag, nid yr amser na'r gwaith ond fy nghorff clwyfedig a'm rhwystrodd rhag cychwyn ar yr ymdrech hon. Yn fy nhridegau cynnar dioddefais anaf difrifol i'm cefn a chefais lawdriniaeth i'r asgwrn cefn. Rhoddwyd bollt titaniwm yng ngwaelod fy asgwrn cefn i sefydlogi fy nghefn. Ddwy flynedd yn ddiweddarach roedd y boen ddirdynnol yn dal i effeithio ar bob rhan o'm bywyd bron, a bu'n rhaid i mi fynd i'r ysbyty eto, i'r Royal National Orthopaedic Hospital yn Llundain. Yno derbyniais bedair wythnos o ffisiotherapi dwys, rheoli poen a therapi galwedigaethol, oedd yn cynnwys sgiliau sylfaenol megis dysgu, wrth fyw ag anabledd yn y cefn, sut i lanhau'r ystafell ymolchi, glanhau'r tŷ a golchi'r llestri. Er fy mod ar ôl hynny yn gallu byw bywyd gweddol normal, achosodd yr anaf i fy asgwrn cefn i mi fod mewn poen difrifol yn ddyddiol ac anabledd cynyddol, ac roedd sefyll yn llonydd neu eistedd am hyd yn oed amser byr yn anghyfforddus iawn.

Paratoi ar gyfer pererindod

Llwyddais i gynyddu fy ffitrwydd trwy gerdded, Pilates a ffisiotherapi a theimlwn fod fy nghefn yn ddigon cryf i mi gychwyn ar y daith yr oeddwn wedi dyheu am ei gwneud ers degawdau. Yn ogystal, cefais gyfle anhygoel na allwn ei golli i ymgeisio am dri mis sabothol o'r gwaith. Er bod fy nghynllun yn uchelgeisiol teimlwn yn sicr y byddai'n rhoi bodlonrwydd mawr i mi. Roeddwn am dreulio'r tair wythnos gyntaf yn cerdded Taith Pererin Gogledd Cymru, sydd yn 140 milltir, gan fy nhrochi fy hun yn ei hanes a'i harwyddocâd ysbrydol. Yna, â dau fis cyfan o fy mlaen, bwriadwn ymgymryd â thaith wefreiddiol ar draws y wlad, gan ymweld â safleoedd crefyddol hynafol o Lindisfarne i'r Orkneys. Teimlwn fod cael tri mis o'r gwaith yn rhodd anghyffredin, ac ni allwn aros am yr antur oedd i ddod. Roeddwn yn sicr y byddai'r amser hwn yn gyffrous ac yn rhoi gweddnewidiad ysbrydol i mi.

Gan fod Taith Pererin Gogledd Cymru newydd gael ei hail-lansio, roedd yr her yn un amserol. Roedd disgiau gwyn i ddangos y ffordd wedi eu gosod ar y llwybr, gan wneud defnydd o hawliau tramwy cyhoeddus oedd yn bod eisoes. Mae'r llwybr yn croesi bryniau braf Clwyd, dyffryn ysgubol Conwy a'i afon fawreddog, Parc Cenedlaethol Eryri yn eich syfrdanu yng nghysgod mynydd uchaf Cymru a Lloegr, Yr Wyddfa, a'r golygfeydd ysblennydd o'r môr ar Lwybr Arfordir Cymru. Mae eglwysi carreg hynafol dirifedi sydd wedi'u cysegru i seintiau Celtaidd amlwg ar y llwybr hefyd, ac maent yn rhoi cysgod a gorffwys ar y daith. Gall pererinion aros i gael stampio eu 'Pasport Pererin' yn yr eglwysi hyn ac mewn rhai swyddfeydd post a bwytai. Mae'r stampiau, a gynlluniwyd gan blant ysgolion cynradd lleol, yn manylu ar y tirnodau, y chwedlau a'r safleoedd sydd ar y daith.

Ac felly roeddwn wedi ymrwymo i ymgymryd â'r daith lafurus hon ar droed. Bûm yn paratoi orau y gallwn. Gan fy mod yn hanu o Ogledd Cymru ac yn gwybod y gallai'r tywydd fod yn arw, gwyddwn hefyd mor bwysig oedd dillad da a fyddai'n dal dŵr. Bûm hefyd yn astudio mapiau Arolwg Ordnans yn fanwl iawn ac yn hyfforddi fy nghorff trwy fynd am dro yn ddyddiol, gan arwain at obsesiwn cynyddol â chyfrif fy nghamau ar fy Fitbit. Fodd bynnag, does dim gwahaniaeth pa mor ofalus y byddwn yn cynllunio, gall yr annisgwyl ddigwydd ar bererindod. Ni allwn ragweld pwy y byddwn yn eu cyfarfod, y gwersi y byddwn yn eu dysgu na beth fydd troeon y daith. Yn fwy na dim, nes y byddwn wedi cymryd y cam cyntaf, mae'r heriau sylweddol sydd o'n blaenau yn dal yn gudd, yn barod i ddatblygu.

Chwe phrofiad pererindod

O edrych yn ôl, roedd yn addas fod y bererindod wedi dechrau yn Abaty Dinas Basing sy'n dyddio o'r ddeuddegfed ganrif. Ar un llaw, mae ei fframwaith trawiadol yn dystiolaeth o'r clytwaith hardd a chyfoethog o ffydd a goleddai ein hynafiaid. Ar y llaw arall, dim ond cragen wag yw'r abaty erbyn hyn, sy'n ddim ond awgrym bychan o'i orffennol gogoneddus. Mae ei furiau adfeiliedig yn atgof moel o greulondeb, poen a dioddefaint y gorffennol, ac nid yn lleiaf yn ystod diddymiad y mynachlogydd yn niwygiad yr unfed ganrif ar bymtheg. Fel y dywed yr ysgrifennwr taith Nick Mayhew Smith, mae adfeilion o'r fath yn tystio i ddicter a dinistr yn gymaint ag y maent i gariad ac addoliad; mae iddynt hanes o farwolaeth, galaru, a halogi. Byddai fy mhererindod yn ddrych o hanes Abaty Dinas Basing. Nid taith am lawenydd a rhyfeddod yn unig fyddai hi. Yn hytrach, byddai'n mynd â fi i leoedd tywyll, gofidus a thorcalonnus. Yn ogystal, yn y misoedd wedi i mi gerdded Taith y Pererin, byddai'n rhaid i mi gerdded ail daith lle byddwn yn wynebu 'Hell's Mouth' hollol wahanol.

Wrth i fy mhererindod yng Ngogledd Cymru ddirwyn i ben, croesais i Ynys Enlli ar fôr tawel a chlir. Nid oedd unrhyw fodd i mi wybod am y stormydd a fyddai'n aros amdanaf pan ddychwelwn adref. Yn fuan iawn fe'm gorfodwyd i wynebu'r ffaith fod yr anaf difrifol i'r asgwrn cefn yn dychwelyd, a bu'r frwydr yn galetach o ganlyniad i gysgod tywyll iselder a phryder sydd mor aml yn dod gydag afiechyd. Teimlai heddwch Enlli yn bell wrth i mi gael fy llusgo i ddyfnderoedd poen, ansicrwydd a diymadferthedd.

Rwyf wedi dod i weld yr ail daith honno o anaf ac adferiad fel pererindod hefyd. Mae teithiau ysbrydol, wedi'r cyfan, yn rhannu rhai elfennau craidd. Er na ellir amgyffred dyfnder pererindod yn llawn, mae chwe phrofiad amlwg y gellir dweud eu bod yn diffinio teithiau sanctaidd o'r fath: dioddefaint, rhyfeddod, arwyddion, cwmni, dibyniaeth a gobaith. O'r herwydd, nid atgofion cronolegol, yn datblygu fel adroddiad yn llawn troadau a datguddiadau, sydd yn y llyfr hwn. Yn wir, byddwch yn gwybod o'r dechrau'n deg beth fydd y diwedd. Yn hytrach, agwedd fyfyrgar a geir ynddo, yn archwilio pob un o chwe phrofiad pererindod yn eu tro. Trwy wneud hynny, bydd y llyfr yn ein gwahodd i gyweirio ein llygaid a'n clustiau i bresenoldeb Duw yn ein teithiau ein hunain. Mae'r penodau wedi'u ffurfio gan fy nwy bererindod hollol wahanol: y gyntaf, y daith gorfforol ar draws Gogledd Cymru, a'r ail, taith iachâd a wnaethpwyd o gaethiwed fy soffa. Bydd y ddau gyd-destun yn ymddangos bob yn ail ym mhob pennod wrth iddynt gael eu rhannu i fyfyrio ar bob taith ar wahân, gan geisio dirnad y ddwy.

Dechreuwn y bennod gyntaf ag adfyd a **dioddefaint,** a all yn aml dreiddio trwy bererindod. Pe byddai'r llyfr yn gorffen yn y fan honno fodd bynnag, byddai'n rhoi darlun llwm o deithiau bywyd i ni. Diolchwn mai dim ond rhan o'r stori yw dioddefaint. Mae pererindod yn cynnig profiadau eraill sydd yn llachar, yn trawsnewid bywyd, ac yn llawn gras.

Yn yr ail bennod, byddwn yn archwilio'r synnwyr o **ryfeddod** a geir ar ein teithiau ac yn ystyried sut mae harddwch y byd naturiol a lleoedd sanctaidd yn cyffroi rhywbeth yn ddwfn o'n mewn.

Mae'r drydedd bennod yn tynnu sylw at '**arwyddion**', yr adegau annisgwyl hynny pan fydd presenoldeb Duw yn torri trwodd, yn ein codi ac yn ein gadael yn syfrdan.

Mae'r bedwaredd bennod yn pwysleisio arwyddocâd **cwmni**, gan ddathlu'r cyfuniad, annisgwyl yn aml, o ffrindiau a dieithriaid sy'n teithio gyda ni. Mae'r bobl hyn yn ein hatgoffa o ran ganolog cariad a chefnogaeth yn ein bywydau.

Gan adeiladu ar hyn, mae'r bumed bennod yn archwilio ein **dibyniaeth** ar eraill a phwysigrwydd bod yn ddiolchgar wrth i ni lywio ein bywydau.

Yn olaf, yn y chweched bennod, down at **obaith**, sef sylfaen ein holl deithiau. Mae gobaith yn gwau trwy ein llawenydd a'n gofidiau, ac yn llenwi hyd yn oed yr eiliadau mwyaf cyffredin ag ystyr a phwrpas. Gobaith yw'r edau sy'n dal ein teithiau gyda'i gilydd.

Ymgymryd â'n pererindodau ein hunain

Wrth archwilio'r chwe phrofiad angerddol a ffurfiodd fy nwy daith, mae'r llyfr hwn hefyd yn eich gwahodd i weld eich llwybrau eich hunain fel pererindodau cysegredig a thrawsnewidiol. Ar adegau, byddwch yn mynd yn llythrennol dros fynyddoedd a thrwy ddyffrynnoedd, wrth i chi ymgymryd â phererindodau corfforol. Yn amlach na pheidio, fodd bynnag, y tir y byddwch yn ymgyfarwyddo ag ef fydd tir anweledig teithiau bywyd.

Felly, wrth i chi ddarllen, ystyriwch y daith yr ydych arni ar hyn o bryd. Efallai ei bod yn daith trwy **afiechyd neu adferiad**, pan fydd ansicrwydd ac ymdrech yn pwyso'n drwm. Neu lwybr **galwedigaeth**, wrth i chi geisio dirnad galwad Duw. Neu batrwm dyddiol **gwaith**, lle rydych yn ymdrechu i ganfod ystyr yn eich llafur. Neu daith **addysg**, wrth i chi ymestyn eich meddwl a thyfu trwy astudio. Neu ffordd **ffydd**, wrth i chi ymaflyd â chwestiynau a dyfnhau eich cred. Neu siwrnai **bywyd teuluol**, wrth i chi dywallt eich hun i'r bobl yr ydych yn eu caru. Neu, yn syml, efallai eich bod yn defnyddio'r llyfr hwn i'ch helpu i deithio trwy'r **Grawys** neu'r **Adfent**. Neu efallai eich bod yn ymgysylltu â mwy nag un ohonynt!

Gellir edrych ar bob un o'ch teithiau fel pererindod ynddynt eu hunain, yn eich ffurfio a'ch trawsnewid, ac, wrth i chi ddarllen, byddwch yn adnabod y chwe phrofiad a archwilir yn y llyfr hwn yn disgleirio trwyddynt. Ym mhob pennod yn y llyfr, yn dilyn fy archwiliad o fy nwy daith, bydd trydedd adran yn eich helpu i oedi ac ystyried eich teithiau chi, gan orffen â chwestiynau i arwain eich myfyrdod personol. Fe'ch anogir i wynebu brwydr dioddefaint, rhyfeddod presenoldeb Duw, arwyddion sy'n eich arwain, a'r nerth a ddaw oddi wrth y rhai sy'n cydgerdded â chi, ac fe'ch atgoffir yn ddiymhongar o'ch dibyniaeth ar eraill. A thrwy'r cyfan, gallwch ymagor i'r gobaith sy'n dâl am bob cam a gymerwch. Trwy adnabod y profiadau hyn yn ein teithiau ein hunain, down nid yn unig i'n deall ein hunain yn well, ond byddwn hefyd yn dechrau gweld ble mae goleuni gras Duw yn torri trwodd i oleuo ein llwybrau. Yn y munudau hynny, bydd trawsnewidiad yn digwydd, ac fe'n tynnir yn nes o hyd at fod y cyfan y mae Duw yn bwriadu i ni fod.

Tra bo trydedd adran pob pennod, sydd yn gorffen â chwestiynau ar gyfer myfyrdod, yn eich gwahodd i archwilio eich taith eich hun yn fwy personol, mae'r llyfr hefyd yn cynnwys arweiniad cryno ar gyfer astudio ar y diwedd. Gellir defnyddio hwn ar gyfer archwiliad unigol dyfnach neu fel adnodd ar gyfer trafod mewn grŵp bychan, boed yn ystod y Grawys, yr Adfent neu unrhyw dymor arall. Mae'r arweiniad yn cynnig cwestiynau wedi'u cynllunio i'ch helpu i feddwl yn ddyfnach am y llwybrau yr ydych yn eu cerdded ac i annog sgwrs ystyrlon pan fyddwch yn cyfarfod ag eraill. Mae hefyd yn cynnwys awgrymiadau am weddïau i'ch helpu i ddod â'r amser i ben yn feddylgar. Pa un ai a ydych yn myfyrio ar eich pen eich hun neu gydag eraill, gobeithir y bydd yr adnoddau hyn yn agor eich calon i ddatgeliad tyner o bresenoldeb Duw yn eich teithiau.

Teithiau trawsnewidiol

Cymharodd Kierkegaard daith lafurus Abraham i fyny ac i lawr Mynydd Moreia (Genesis 22:1–19) â phererindod. Roedd llawer o bryder, ymdrech a dioddefaint yn nheithiau'r patriarch, yn cynnwys y cyfarwyddyd dwyfol brawychus i aberthu ei fab annwyl Isaac. Ond yn y diwedd, fel y dywed Kierkegaard, aeth adref yn llawen a gorfoleddus gan ymddiried yn Nuw. Roedd yn brofiad trawsnewidiol a adawodd nod annileadwy arno. Dychwelodd i Beerseba â'i agwedd at berthyn wedi ei thrawsnewid, yn arbennig ei berthynas â'r trosgynnol. Wedi'r cyfan, roedd wedi tystio'n uniongyrchol i ddarpariaeth Duw, a chadarnhaodd hyn ei ymddiriedaeth a'i ffydd yn Nuw fel Tad.

Yn yr un modd, fe'm cefais innau fy hun wedi fy nhrawsnewid yn ddwys gan fy mhererindod yng Ngogledd Cymru a hefyd gan fy nhaith trwy anaf ac iachâd. Effeithiwyd yn ddwfn ar fy mywyd cyffredin o ddydd i ddydd gan y bobl y deuthum ar eu traws, y profiadau a gefais a'r lleoedd yr ymwelais â hwy, yn llythrennol ac yn drosiadol. Roedd ymdrech a dioddefaint yn fy nheithiau innau, ond, fel teithiau Abraham i fyny ac i lawr Moreia, bu iddynt hefyd yn baradocsaidd atgyfnerthu f'ymddiriedaeth yng ngofal, cariad a darpariaeth Duw.

O'r herwydd, mewn sawl ystyr, mae disgrifiad yr athronydd Charles Foster o bererindodau fel 'yr arwahanrwydd eithaf' mor wir yn fy hanes innau. Teimlai fy nwy daith fel profiadau swreal yn yr anialwch, yn llawn uchelfannau gwefreiddiol ac iselfannau llethol. Gwthiodd y ddwy fi y tu hwnt i'r cyfarwydd, gan fy ngorfodi i ymgodymu â chwestiynau dyfnaf bywyd. Cefais fy herio i wynebu, a hyd yn oed cwestiynu, fy mherthynas agos â Duw. Ac eto, ar y ddwy daith, daeth Duw i'm cyfarfod yn fy niffeithwch gan roi i mi waredigaeth, adnewyddiad a'r addewid am atgyfodiad. Deffrowyd fy holl fodolaeth wrth i'w gariad fy nghyrraedd mewn ffyrdd mor annisgwyl. Ac, yn araf ond yn sicr, aeth diffeithder y Grawys ac artaith yr Wythnos Sanctaidd heibio a daeth gobaith buddugoliaethus, cadarnahol Sul y Pasg yn eu lle.

AMSER I FYFYRIO

- Meddyliwch am unrhyw bererindodau corfforol y buoch arnynt – i ble yr aethoch a pham?

- Pa fathau eraill o deithiau yr ydych arnynt yn eich bywyd ar hyn o bryd?

- Wrth i chi ddarllen y llyfr hwn, treuliwch amser yn myfyrio ar y pererindodau corfforol a wnaethoch ac ar y teithiau personol neu ysbrydol yr ydych yn eu gwneud ar hyn o bryd.

1

Dioddefaint

Dioddefaint yw cael yr hyn nad oes ei eisiau arnoch neu fod eisiau'r hyn nad oes gennych.
Elisabeth Elliot, cenhadwr ac awdur

Ni allant ddod at y bore ond trwy'r cysgodion.
J.R.R. Tolkien, awdur

Y DAITH GYNTAF: TAITH Y PERERIN

Dechrau gofidiau

Daw pob taith â'i threialon a'i heriau i'w chanlyn. Er hynny, nid yw pererinion yn gweld yr ymdrech fel baich, ond fel rhan hanfodol o'r antur sy'n cael ei groesawu fel prawf ar gryfder ac ysbryd fel ei gilydd. Fodd bynnag, ymddengys y rhwystrau a wynebir gan y rhan fwyaf o bererinion ein dyddiau ni yn ddi-nod pan edrychwn yn ôl ar hyd y canrifoedd. Yn hanesyddol, wynebai pererinion herwgipio, lladrad a thrais corfforol yn gyson. Gan wybod mai â'r gorffennol pell y cysylltir y caledi eithafol hwn oedd yn rhan o bererindod, mae'n hawdd tanamcangyfrif mor anodd y gall pererindod ddal i fod yn yr unfed ganrif ar hugain. Roeddwn wedi rhagweld y byddai rhywbeth yn rhamantus ynglŷn â'r treialon a'r gorthrymderau y byddwn yn eu hwynebu. Dychmygwn fy hun fel teithiwr adfydus unig yn syllu oddi ar gopa mynydd ar olygfeydd syfrdanol. Ond roedd y gwirionedd yn llawer llai barddonol ac yn llawer mwy heriol mewn ffyrdd nad oeddwn wedi'u rhagweld. Rhoddodd pob cam a gymerwn fy nyfalbarhad ar brawf. Yn wahanol i'r hyn a wynebai pererinion y canrifoedd a fu, nid oedd fy mywyd mewn perygl, ond roedd y caledi a wynebais er hynny yn brawf aruthrol ar gorff ac enaid.

Dechreuodd her fwyaf fy mhererindod cyn i mi hyd yn oed gamu allan o ddrws ffrynt fy nhŷ. Roedd un o fy mhengliniau yn dioddef yn dilyn oriau o eistedd wrth fy nesg yn ceisio ateb ebyst diddiwedd. Ar y dechrau teimlai ychydig yn ddolurus ac anghyfforddus, ond, erbyn bore cyntaf fy mhererindod, roedd yn llidiog a'r boen yn ddifrifol. Roeddwn ar groesffordd drosiadol, yn gofyn i mi fy hun a ddylwn fwrw ymlaen â'r daith neu roi'r gorau iddi a throi yn ôl adref am Gaerdydd. Ffoniais ffrind sy'n ffisiotherapydd i ofyn am ei gyngor. Dywedodd yn syth fy mod yn dioddef o *patellar tendinitis*. Er nad oes amheuaeth nad yw hwn yn gyflwr poenus, fe'm sicrhaodd na fyddai parhau â'r daith yn achosi niwed parhaol. Fi oedd piau'r dewis.

Ni fedrwn feddwl fodd bynnag am droi'n ôl. Roeddwn wedi cymryd cyfnod sabothol i fynd ar y daith hon, ac roeddwn yn gobeithio codi swm sylweddol o arian tuag at elusen. Felly gwrthodais adael i'r anhap hwn ddrysu popeth cyn i mi hyd yn oed gychwyn. Awgrymodd fy mam fy mod yn defnyddio ffon gerdded i'm helpu i fynd dros y camfeydd dirifedi ar y daith. Yn fuan daeth yr hyn a ddechreuodd fel cynhaliaeth ymarferol yn gydymaith cyson ac angenrheidiol. Dros amser tyfodd yr arwyddocâd yn ddyfnach ac yn fwy ysbrydol. Yn y traddodiad Cristnogol, mae ffyn cerdded wedi cynrychioli ffydd a gobaith ers amser maith. Wrth i mi bwyso ar fy ffon i'm cynnal, daeth yn fwy na dim ond ffon – roedd yn f'atgoffa o ddyfalbarhad ac ymddiriedaeth mewn rhywbeth mwy. Wrth i'r boen ddwysáu, fe'm cefais fy hun yn gafael yr un mor dynn yn y gred honno ag y gafaelwn yn y ffon.

Croesi cenedlaethau

Wrth i mi ddilyn y llwybr hynafol, tyfodd y boen gynyddol yn fy mhen-glin i fod yn fwy nag ymdrech bersonol. Yn hytrach, fe'm cysylltodd â'r pererinion dirifedi oedd wedi cerdded yr un llwybr o fy mlaen, pob un ohonynt â'u baich eu hunain. Mae dioddefaint, wedi'r cyfan, yn ddiamser. Mae'n gwau'r gorffennol a'r presennol ynghyd, yn brofiad a rennir gan feidrolion ar draws y cenedlaethau. Fe'm hatgoffwyd o 'On Wenlock Edge' gan A.E. Housman, lle mae'r bardd yn sefyll ac yn syllu dros fryniau Sir Amwythig, wedi'i lethu gan ei bryderon. Caiff gysur wrth feddwl y gallai milwr Rhufeinig fod wedi sefyll yn yr union fan bron i 2,000 o flynyddoedd ynghynt, yn ymgodymu ag ofnau a theimladau tebyg. Ni ddioddefir poen, boed gorfforol neu feddyliol, ar eich pen eich hun, ond mae'n adleisio trwy hanes:

There, like the wind through woods in riot,
Through him the gale of life blew high;
The tree of man was never quiet:
Then 'twas the Roman, now 'tis I.

Arhosodd y gerdd honno yn fy meddwl wrth i mi oedi mewn safleoedd sanctaidd ar Daith y Pererin, lle roedd cynifer o fy mlaen wedi dod i chwilio am iachâd. Ymhlith y lleoedd hynny roedd croesau treuliedig mewn mynwentydd tawel a ffynhonnau hynafol, sanctaidd a'u dyfroedd yn gyforiog o ganrifoedd o ffydd a dyhead.

Roedd ein hynafiaid yn gweld arwyddocâd arbennig mewn ffynhonnau naturiol. Yn wahanol i gerfluniau neu fegalithau, ni ellid dinistrio ffynhonnau ac roedd eu ffynonellau tanddaearol yn cyflenwi dŵr glân, diogel. Roeddent yn rhodd werthfawr ar adeg pan fyddai afonydd a ffrydiau yn aml wedi eu llygru â gwastraff pobl ac anifeiliaid ac yn cludo afiechydon marwol. Dros amser, daethpwyd i gredu bod gallu dwyfol yn y ffynhonnau oesol hyn. Dechreuodd storïau ledaenu am iachâd gwyrthiol wrth ffynhonnau o'r fath. Roedd tarddiad y storïau rhyfeddol hyn yn ymestyn yn ôl i gyfnodau cyn-Gristnogol, ond yn ystod oes y seintiau Celtaidd cynnar y bu iddynt ffynnu o ddifrif gan ddod yn fwyfwy cyffredin. Nid cyd-ddigwyddiad ydyw fod y geiriau 'healthy', 'whole' a 'holy' i gyd yn rhannu'r un bôn yn yr iaith Saesneg, yn deillio o *halig*, y gair Sacsoneg am 'holy' neu 'sanctaidd'. Roedd y ffynhonnau hyn yn fwy na ffynonellau dŵr yn unig; credid fod ynddynt allu dwyfol i adfer corff ac enaid. Roeddent yn ffynhonnau sanctaidd, iachaol.

Ffynhonnau sanctaidd a chroesau iachaol

Yn fuan ar ôl cychwyn o Abaty Dinas Basing, cyrhaeddais y gyntaf, a'r enwocaf, o'r ffynhonnau ar hyd y llwybr. Ffynnon Sant Gwenffrewi yn Nhreffynnon, a elwir yn aml yn 'Lourdes Cymru', yw'r unig greirfa yn Ynysoedd Prydain sydd â'i hanes yn ymestyn yn ôl yn ddi-dor i'r wythfed ganrif. Cymerais funud i sefyll wrth ei dyfroedd sanctaidd a gweddïo gan ofyn am wella'r boen yn fy mhen-glin. Bu pererinion yn dod yma am ganrifoedd gan geisio gwyrthiau.

Wrth y fynedfa roedd tystiolaeth drawiadol i hanes y lle – pentwr o ffyn baglau o bob oes, wedi'u gadael ar ôl gan bererinion a gerddodd oddi yno wedi'u hadfer. Mae pererinion ers amser maith wedi dilyn dwy ddefod sanctaidd yma, naill ai eu trochi eu hunain deirgwaith yn y dŵr, gan adleisio traddodiad Celtaidd hynafol, neu gerdded yn y dŵr o gwmpas ymyl y ffynnon gan adrodd y llaswyr. Fe ddewisais i lwybr symlach. Yn hytrach na phlymio i mewn, dewisais wneud dim ond eistedd ar ymyl y dŵr, tasgu'r dŵr yn dyner dros fy mhen-glin dolurus ac offrymu gweddi dawel am nerth ac iachâd.

Daeth gweddi o'r fath yn drefn arferol wrth ffynhonnau sanctaidd a chroesau iachaol yr awn heibio iddynt ar fy nhaith, pob un ohonynt mewn lleoedd ag enwau hardd mewn cefn gwlad yr un mor hardd, gan gynnwys Tremeirchion, Llangelynnin a Chlynnog Fawr. Wrth y ffynhonnau, daeth y drefn arferol yn ddefod ynddi'i hun – codi coes fy nhrowsus, trochi fy mhen-glin â dŵr, a deisyf yn dawel ar Dduw am nerth ac esmwythad. Mae perygl bob amser i greirfeydd symud y sylw oddi ar Dduw, a weithiau hyd yn oed feithrin ofergoeliaeth, masnacheiddiwch neu ymelwa. Ac eto yn y lleoedd yr ymwelais i â hwy, teimlai'r peryglon hynny yn bell i ffwrdd. Yn hytrach, gweithredai'r ffynhonnau a'r croesau fel eiconau, gan f'arwain i ystyried y dwyfol a phrofi presenoldeb synwyradwy yr Ysbryd.

Er fy mod yn teimlo cysylltiad ysbrydol dwfn yn y lleoedd sanctaidd hyn, gwrthodai'r boen yn fy mhen-glin â phylu. Ni ddangosai'r tir garw drugaredd o gwbl ar y dringfeydd a'r disgynfeydd serth. Ar adegau, fe'm cawn fy hun yn hercio drwy'r milltiroedd, pob cam yn brawf ar fy nycnwch. Er efallai na ddaeth gweddïo mewn safleoedd sanctaidd â gwellhad gwyrthiol i mi, yn sicr rhoddodd i mi'r nerth a'r ffocws i fwrw ymlaen. Sylweddolwn fy mod yn cerdded yn ôl troed pererinion dirifedi a fu'n dioddef ac yn teithio yr un llwybr o fy mlaen. Byddai llawer ohonynt yn dal i fod yn gorfforol neu emosiynol gloff ar ddiwedd eu taith, a rhai yn dal yn gaeth yn eu brwydr yn erbyn poen barhaus neu anabledd. Ac eto, i gynifer, bydd pererindod wedi eu bendithio â rhywbeth dyfnach – iachâd yr enaid a aeth y tu hwnt i obaith iachâd corfforol.

Gair ar y garreg

Dim ond un rhwystr ar y daith hon oedd y boen gorfforol. Rhoddwyd prawf ar fy mhenderfynoldeb gan heriau dirifedi eraill, a phob un ohonynt yn arafu fy nhaith ac yn trethu fy egni a'm hamynedd – tywydd anffafriol, llaid dwfn, ffensys trydan, cŵn yn cyfarth, gwartheg bygythiol, niwl trwchus, coed wedi syrthio, llwybrau wedi dymchwel, ac arwyddbyst wedi torri, eu cuddio neu eu malurio. Pan gyrhaeddais Aberdaron, y man aros olaf cyn croesi i Ynys Enlli, teimlwn fy mod yn haeddu'r pryd bwyd rhad ac am ddim y dywedwyd wrthyf y gallai pererinion ei hawlio yn y bwyty â'r enw braidd yn ddiddychymyg: Y Gegin Fawr. Deallais, fodd bynnag, fy mod 400 mlynedd yn rhy hwyr i fanteisio ar y traddodiad hwnnw. Mae'n amlwg nad yw cynlluniau busnes cyfoes yn cynnig prydau am ddim fel gwobrau am deithiau ysbrydol maith! Bu'n rhaid i mi felly dalu am fy omled a sglodion.

Wedi i mi ddiwallu fy newyn yn y sefydliad hwn o'r bedwaredd ganrif ar ddeg, crwydrais i adeilad llawer mwy newydd, canolfan ymwelwyr Porth y Swnt. Yma, gwahoddir pererinion i ysgrifennu eu meddyliau ar gerrig a'u hychwanegu at 'fôr o eiriau' sy'n cynyddu. Mae'r cerrig hyn â'r ysgrifen mewn sialc arnynt yn crynhoi yr hyn a olyga'r daith i ben eithaf Penrhyn Llŷn i deithwyr.

Treuliais beth amser yn myfyrio ar y geiriau a ysgrifennwyd ar y cerrig niferus yn y sesiwn rhannu syniadau uchelgeisiol ddwyieithog hon. At ei gilydd, roedd y geiriau yn gadarnhaol ac yn galonogol – heddwch, hapusrwydd, tawelwch, cariad, gobaith, llonyddwch, natur, llawenydd, ysbrydoledig, ac yn y blaen. Erbyn hyn, roeddwn yn boenus ymwybodol fod i bererindod ochr fwy anodd a heriol ac felly ychwanegais fy ngair fy hun – 'dioddefaint'. Wedi'r cyfan, roedd fy nhaith ar hyd Taith y Pererin wedi ei nodi â heriau didrugaredd, cynnydd araf a rhwystredig, a mwy nag un achlysur pan gefais fy nhemtio i roi'r gorau iddi. Ond byddai'r anawsterau hyn yn pylu o'u cymharu â phoen a brwydr y bererindod hollol wahanol y byddwn yn ei throedio yn y misoedd ar ôl i mi gamu'n llawen oddi ar y cwch i dir sanctaidd Enlli.

YR AIL DAITH: TRWY ANAF A THYWYLLWCH

Ail bererindod yn dechrau

Roedd y tendinitis yn fy mhen-glin wedi bod yn arteithiol trwy'r amser, gan fy ngorfodi i hercian am y rhan fwyaf o'r daith hir. Ac eto, er gwaethaf hyn, roedd y cyflwr a fodolai eisoes yn fy asgwrn cefn wedi aros yn sefydlog. Wedi'r fuddugoliaeth o droedio tir sanctaidd Enlli ar ddiwrnod olaf y bererindod, es i'r gwely yn llawen, wedi blino ond uwch ben fy nigon. Ond yr eiliad y deffrois y bore wedyn, gwyddwn fod rhywbeth o'i le. Roedd y pigyn a deimlwn yn fy nghefn yn wahanol i'r boen a fu'n gydymaith parhaus i mi. Yn lle hynny, roedd yn deimlad a adnabûm yn syth, ac fe'm hyrddiodd yn ôl ddeuddeng mlynedd i ddyddiau tywyllaf yr anaf a arweiniodd at lawdriniaeth fawr ar fy nghefn. Yn fuan daeth diffyg teimlad a llosgi i lawr fy nghoes chwith i ganlyn y boen yng ngwaelod fy nghefn. Gwaethygodd yr anesmwythder yn ystod yr ychydig ddyddiau nesaf, wrth i fy nghorff ddechrau dangos bod rhywbeth difrifol o'i le. O fewn pythefnos, roedd y boen yn annioddefol, ac yn cadarnhau fy ofnau gwaethaf: roedd yr anaf yr oeddwn wedi llwyddo i'm sicrhau fy hun ei fod y tu ôl i mi wedi dod yn ôl. Roedd fy ail bererindod wedi dechrau.

Yn ystod yr ychydig fisoedd canlynol, datgelodd sganiau MRI y gwirionedd llym fy mod yn brwydro â thri disg yn fy nghefn oedd wedi dirywio, pob un ohonynt wedi llithro o'u lle, rhai yn fwy felly na'i gilydd. Wrth i mi geisio dygymod â'r newyddion, fe'm cefais fy hun yn myfyrio ar orfoledd ac ymdrech fy nhaith 140 milltir. Ganwyd bodau dynol i gerdded. Pan fydd bywyd yn ein llorio, rydym yn reddfol yn rhoi un droed o flaen y llall. Ysgrifennodd Kierkegaard ei fod yn cerdded bob dydd tuag at iechyd a lles ac yn cerdded i ffwrdd oddi wrth bob afiechyd. Ac eto, o fewn wythnosau o ddychwelyd o fy nhaith, prin y gallwn gerdded i ben draw y lôn. Daeth eistedd a sefyll yn frwydrau arteithiol, ac yr oedd cerdded, a fu unwaith yn noddfa i mi, yn gyfyng a phoenus. Crebachodd fy myd i gaethiwed fy soffa goch, lle y treuliwn fwyafrif fy nyddiau yn gorwedd, gan godi yn achlysurol i wthio pecyn iâ yn erbyn fy asgwrn cefn neu i fynd am dro bach, boenus yn yr ardd.

Fel ficer ar eglwys fawr, roeddwn yn dra ymwybodol fod fy nhrafferthion i yn ymddangos yn ddi-nod o'u cymharu â'r caledi eithriadol a ddioddefir gan eraill. Dros y blynyddoedd, rwyf wedi sefyll wrth ochr pobl yn nyfnderoedd dioddefaint anhygoel, yn teimlo'n ddi-rym wrth i mi gysuro'r rhai y chwalwyd eu bywydau gan dristwch torcalonnus a gwaeledd erchyll. Ac eto gwyddwn fod dioddefaint yn brofiad hynod bersonol. Fel cyn-gaplan prifysgol, rwyf wedi gweld myfyrwyr yn suddo i bwll anobaith oherwydd tor-calon, methu eu harholiadau neu ofni dyfodol ansicr, trafferthion y byddai eraill efallai yn eu hystyried yn ddibwys. I'r myfyrwyr hynny, fodd bynnag, roedd eu poen mor wir ac mor ysol ag unrhyw boen arall. Rhybuddiodd y seicolegydd Viktor Frankl, a ddioddefodd erchyllterau y gwersylloedd difa Natsïaidd, yn erbyn mesur neu gymharu dioddefaint. Yn hytrach, mynnai y dylid cymryd *pob* poen o ddifrif. Eglurodd fod dioddefaint fel nwy yn cael ei ryddhau i siambr wag – mae'n ehangu i lenwi'r gwacter yn llwyr. Mewn geiriau eraill, mae 'maint' dioddefaint yn berthynol. Nid oes wahaniaeth pa mor 'fawr' neu 'fach' yr ymddengys dioddefaint o'r tu allan, mae ganddo'r grym i'n dinistrio'n llwyr.

Gêmau meddwl

Heb ystyried y boen gorfforol a ddioddefwn, mae effaith adfyd bob amser yn ymestyn ymhell y tu draw i boen gorfforol. Mae Frankl yn tynnu sylw at 'niwrosis y Sul', ymadrodd sy'n cyfeirio at y gwacter sy'n dod i'r wyneb y tu mewn i ni pan fydd prysurdeb ein hwythnos waith yn tawelu. Dyma'r adeg pan all iselder ysbryd ymdreiddio i'n bywydau. Daeth fy anaf â'm bywyd prysur blaenorol i stop yn sydyn. Aeth fy meddwl yn ôl i'r amser pan oeddwn yn paratoi ar gyfer fy mhererindod yng Ngogledd Cymru. Ymddangosai bywyd mor lliwgar, mor llawen ac mor egnïol. Ond yn awr, wrth i mi golli pob persbectif, ymddangosai bywyd yn ddigyfaddawd o llwm. Wrth i mi orwedd gartref mewn poen, cydiodd storm o deimladau afresymol a hunanddinistriol ynof. Ni allwn ymryddhau o'r syniad fy mod wedi dod â'r dioddefaint hwn arnaf fy hun trwy ddewis mynd ar bererindod oedd yn gofyn cymaint ar fy nghorff. Gwyddwn mai dim ond gwneud pethau'n waeth yr oedd dal i edifarhau, nid dim ond i mi ond i'r rhai o'm cwmpas, yn enwedig fy ngwraig a'm plant, oedd yn gorfod dioddef fy nghythrwfl mewnol gyda mi. Ond roedd fy nyhead i roi terfyn ar batrymau meddyliol pruddglwyfus o'r fath a'm gallu i wneud hynny wedi eu datgysylltu oddi wrth ei gilydd.

Roedd y boen ddirdynnol yn fy nghefn a'm coesau yn ddidrugaredd, ond gwnâi'r triciau a chwaraeai fy meddwl bopeth yn llawer iawn gwaeth. Ar ddechrau *The Divine Comedy*, mae Dante yn disgrifio cyrraedd man canol taith ei fywyd, dim ond i'w gael ei hun ar goll mewn coedwig dywyll, fygythiol, prin yn llai chwerw na marwolaeth. Ni allwn lai na chofio fy adegau fy hun o fod ar goll yn fforestydd Gogledd Cymru yn ystod fy mhererindod, wedi fy nghuro gan rym y glaw a'r gwynt dolefus, yn chwilio'n daer am y llwybr cywir.

Ond yn awr roeddwn yn wynebu her oedd hyd yn oed yn fwy – syrthio i goedwig glymog, ddidostur iselder ysbryd a gorbryder. Wrth i mi boeni am fy nyfodol, roedd ofni'r hyn a *allai* ddigwydd yn llawer mwy o fygythiad na'r hyn oedd *yn* digwydd. Tra oedd yntau yn gwella o driniaeth ar ei gefn, cymharodd yr actor Michael J. Fox ei brofiad o breswylio yn nyfnderoedd ofn i fod ar saffari. Ysgrifennodd mai'r rhan waethaf o saffari yw poeni am y llewpardiaid na allwn eu gweld. Cofia deimlo'n ddiogel yn ei jîp 4x4 er gwaethaf bygythiad diamheuol y llewpardiaid yn cerdded heibio. Fodd bynnag, pan dorrodd y cerbyd i lawr ac yntau yn gorfod aros i gael ei achub, yn sydyn teimlai'r llewpardiaid oedd yn cuddio yn y prysglwyni o'i amgylch fel bygythiad gwirioneddol: 'Y teimlad greddfol hwnnw yw fod rhywbeth o'i le, rhywbeth mawr o'i le. Mae rhywbeth allan yno yn barod i neidio amdanoch. Nid oes rhybudd, na thrafodaeth, na dealltwriaeth.' Weithiau, mae pethau dychmygol yn cael llawer mwy o afael arnom na'r bygythiadau amlwg, gweladwy.

Ac felly, bob nos, wrth i mi orwedd yn effro am oriau, cawn fy nghaethiwo mewn cylch diddiwedd o feddyliau dychrynllyd a diobaith a wrthodai gael eu tawelu. Teimlai pwysau'r cyfan yn annioddefol a dechreuodd naddu fy hunan-barch. Mae ein cymdeithas yn rhy aml yn ystyried gallu a chynhyrchiant fel sail gwerth personol. Mae'r ifanc, yr iach a'r heini yn cael eu mawrygu ar y teledu, mewn cylchgronau ac ar ein cyfryngau cymdeithasol. Fodd bynnag, pan fydd ein hiechyd yn diffygio, gall hynny ein hatgoffa'n greulon fod ein cymdeithas yn ein diffinio yn ôl yr hyn a wnawn ac a gyflawnwn. Wrth i mi orwedd mewn poen ar fy soffa, yn 'gwneud' dim byd o gwbl, fe'm cefais fy hun fel Dorothy yn y *Wizard of Oz*, yn dyheu am ddychwelyd i gysur y bywyd oedd gennyf gynt. Ac eto, yn wahanol i Dorothy, a hiraethai am ddychwelyd adref, roeddwn i yn gaeth gartref, gan adael y tŷ i gerdded am droeon byr, poenus iawn. Mae Albert Ellis, sylfaenydd therapi ymddygiad emosiynol rhesymol, yn dadlau, er bod adfyd yn rhan o fywyd, bod 'dioddefaint' yn dechrau pan fyddwn yn ein hargyhoeddi ein hunain fod ein trafferthion yn diffinio ein gwerth. Wrth i'r misoedd fynd heibio, dechreuais gredu bod fy mhoen yn diffinio fy holl fodolaeth. Wrth i mi fynd ar fy ail bererindod, roeddwn yn dysgu nad rhywbeth i'w ddioddef yn unig yw poen; mae gan boen y grym didostur i ddatod meddyliau rhywun, fesul un.

Creulondeb poen

Chwalodd y chwrligwgan o deimladau tywyll a droellai yn fy mhen y gred a goleddwn ers amser maith fod bywyd yn gwneud synnwyr a bod y byd yn drefnus a sefydlog. Mae dioddefaint, wedi'r cyfan, yn aml yn dod atom yn ddirybudd, gan rwygo ein bywydau yn annisgwyl. Wedi iddo orchfygu uchelfannau angheuol 14 copa uchaf y byd, anafwyd y fforiwr Reinhold Messner yn ddifrifol, nid ar lethr mynydd didostur, ond gartref, wedi iddo ddringo wal er mwyn agor ffenestr oherwydd ei fod wedi anghofio ei allweddi. Prin y gall yr un ohonom ragweld y foment y bydd afiechyd, anaf, colled neu alar yn aflonyddu ar ein bywydau. Pan fydd hynny'n digwydd, gall deimlo fel bod ein byd cyfan yn chwalu. Er gwaethaf hyn, ymddengys fod yr holl fyd o'n cwmpas yn brasgamu ymlaen – yn ddisyflyd, yn ddifater ac i bob golwg heb ei gyffwrdd gan ein tryblith personol ni. Fel yr ysgrifennodd James Bryan Smith wrth ddisgrifio'r diwrnod torcalonnus a newidiodd ei fywyd pan fu ei ferch fach farw:

> Roeddwn yn cofio edrych allan o ffenestr trydydd llawr yr ystafell yn yr ysbyty. Llifai'r traffig islaw ymlaen fel pe na byddai dim wedi digwydd, Roedd y ceir yn symud ac yn stopio, ac yn aros mewn bwytai bwyd cyflym neu fannau parcio. Roedd pobl yn croesi'r stryd, yn siarad a chwerthin. Ydyn nhw ddim yn gwybod beth sydd newydd ddigwydd?

Heblaw am y galar o golli fy nheidiau a'm neiniau a'r trawma o dystio i effaith dorcalonnus colli babanod cyn eu genedigeth ar fy mam, cefais fy nghysgodi rhag dioddefaint pan oeddwn yn blentyn. Pan oeddwn yn bymtheg oed, fodd bynnag, cefais brofiad uniongyrchol o'i natur ddidostur. Roedd ein gwarchodwr plant Nicholas, mab ffrind agosaf fy mam, wedi dod â chymaint o oleuni i'm plentyndod. Nid oedd ond pum mlynedd yn hŷn na mi ac yn llawn hwyl a direidi ac roeddwn yn syml iawn yn ei addoli. Yn fuan wedi iddo adael am y brifysgol yn y 1980au hwyr, eisteddodd fy mam ar fy ngwely un noson a'i llygaid yn llawn dagrau. Mewn llais crynedig, dywedodd wrthyf fod Nicholas mewn uned gofal dwys, wedi ei daro gan yr afiechyd newydd didrugaredd y cawsom ein rhybuddio amdano gan hysbysebion y llywodraeth yn eu lleisiau difrifol a'u cerrig beddi bygythiol. Hybodd Nicholas a byw am nifer o flynyddoedd gydag AIDS a chefais y pleser o rannu mwy o amseroedd hapus gydag ef. Profiad ingol ar fy mhererindod oedd pasio'r man lle gwasgarwyd llwch Nicholas ar y mynydd y tu ôl i Benmaenmawr. Wrth edrych yn ôl arnaf fy hun yn bymtheg oed a fy mam yn torri'r newydd am afiechyd Nicholas, dyma'r tro cyntaf y bu'n rhaid i mi wynebu creulondeb anwahaniaethol dioddefaint. Hyd yn oed mor ifanc â hynny, ni allwn ddianc rhag canlyniadau diwinyddol y sefyllfa – sut y gellir cysoni'r boen a'r dioddefaint y gwelais Nicholas a'i deulu yn mynd trwyddynt â Duw cariad a thrugaredd?

Bydd pob un ohonom yn wynebu adegau yn ein bywydau ein hunain pan fyddwn yn wynebu brwydr ac adfyd – galar, anaf, afiechyd, tor perthynas, iselder, pryder, diweithdra neu ryw galedi arall. Dro arall, byddwn yn sefyll gyda ffrindiau a theulu yn eu munudau tywyll a diobaith hwy. Bydd y rhai ohonom sydd ynghlwm â gofal iechyd, gwaith cymdeithasol neu ofal bugeiliol wedi gweld dioddefaint yn dad-ddyneiddio a distrywio unigolion a theuluoedd. Fel gofalwyr bugeiliol eraill, mae'r gwewyr a'r dagrau y tystiais iddynt dros y degawdau yn aros gyda mi: cyd-deithio â phobl ym misoedd olaf cancr, lewcemia a thyfiant ar yr ymennydd; eistedd gyda rhieni oedd wedi colli plant yn drychinebus a phlant oedd wedi colli rhieni yn drychinebus; a gweddïo gyda'r rhai yr effeithiwyd arnynt gan hunanladdiad un annwyl iddynt neu ddirywiad didostur partner bywyd oherwydd dementia. Ac eto, er gwaethaf yr hyn yr wyf wedi bod yn dyst iddo neu wedi'i brofi fy hun, ac er fy mod wedi astudio theodiciaeth a diwinyddiaeth poen am flynyddoedd lawer, mae dioddefaint yn teimlo mor ddieithr a dryslyd i mi ag yr oedd pan oeddwn yn bymtheg oed a fy mam yn eistedd ar fy ngwely i dorri'r newydd dirdynnol am gyflwr Nicholas.

Dirgelwch dioddefaint

Mae sawl canrif o fyfyrio athronyddol gan bob traddodiad crefyddol a seciwlar wedi dangos nad her ddeallusol sy'n dod yn haws i'w hamgyffred wrth i ni graffu arni yw dioddefaint. Ni ellir edrych arno fel pos i'w ddatrys. Ond gall edrych ar ddioddefaint fel gelyn i'w drechu fod yr un mor gyfeiliornus. Mae tuedd ynom fel cymdeithas i wneud hyn, er efallai nad ydym yn ymwybodol o hynny.

Er enghraifft, rydym yn aml yn defnyddio delweddaeth gorchfygwr yng nghyd-destun wynebu ein hanawsterau. Yn fy ngwaith bugeiliol, rwyf wedi clywed pobl yn gyson yn defnyddio ymadroddion fel 'mi wnaethon nhw frwydro'n galed', 'mi wnaethon nhw ymladd brwydr ddewr' neu 'mi wnaethon nhw golli'r frwydr' i ddisgrifio wynebu afiechyd neu gyflwr. Er y gall hyn ymddangos yn gysurlon i'r rhai dan sylw, mae nifer cynyddol o seicolegwyr yn cwestiynu addasrwydd defnyddio trosiadau o'r fath. Mae enillwyr a chollwyr mewn unrhyw frwydr neu ornest ac, ag ystyried fel y mae dioddefaint yn dad-ddyneiddio ac yn difrodi, gall siarad mewn termau o'r fath dramgwyddo a brifo'r rhai sy'n wynebu adfyd. Mor gynnar â'r 1970au, nododd Susan Sontag, y sylwebydd Americanaidd blaenllaw, na all cuddio dioddefaint mewn trosiadau gael unrhyw effaith mewn gwirionedd ar boen. Yn hytrach, gall gael yr effaith o wangalonni, tawelu a chywilyddio'r rhai sy'n wynebu adfyd. Yn fwy diweddar, galwodd Sunita Puri, cyfarwyddwr y Gymrodoriaeth Meddygaeth Hosbis a Lliniarol ym Mhrifysgol Massachusetts, am gael gwared o'r trosiad brwydr mewn meddygaeth gan y gall arwain at roi'r bai ar gam ar y rhai sy'n byw ag afiechyd terfynol neu barhaol.

Awgryma'r athronydd Ffrengig Gabriel Marcel y dylid edrych yn syml ar ddioddefaint fel *mystère* ('dirgelwch') yn hytrach nag fel problem neu elyn. Wedi'r cyfan, mae dioddefaint yn herio ein dealltwriaeth ac yn gwrthsefyll eglurhad syml. Gan ei fod yn rhywbeth y mae pob meidrolyn yn cyfranogi ohono yn bersonol, mae'n amhosibl i ni gamu allan ohono i'w ddadansoddi yn wrthrychol. Rhaid, felly, ei dderbyn yn syml fel dirgelwch gan ganiatáu iddo ddyfnhau ein perthynas â'n gilydd, ein dealltwriaeth ohonom ein hunain a'n cysylltiad â Duw. Mae Marcel yn nodi hefyd bod yr hyn sy'n rhoi grym gwaredigol i ddioddefaint – cariad – hefyd yn ddirgelwch. Gellir profi dioddefaint a chariad, ond ni ellir egluro'r naill na'r llall. Cariad, yn cael ei ddangos mewn ffordd ymarferol gan y rhai sydd o'n cwmpas, sy'n dod â gobaith i ni yn ein dioddefaint ac yn ein sicrhau ni o bresenoldeb rhywbeth mwy na ni ein hunain yn ein trafferthion.

Ar fy ail bererindod, cefais gysur yn eglurhad Marcel o ddirgelwch deuol y cyflwr dynol. Roeddwn, fodd bynnag, yn dal i ymgodymu â'r hyn sydd yn weddill ohonom pan fydd dioddefaint yn tynnu i ffwrdd y pethau hynny sy'n ein diffinio. Gorwedd yr ymdrech hon yng nghraidd ein bodolaeth ac mae'n adleisio trwy'r ysgrythur, nid yn lleiaf yn llyfr Job. Roedd gennyf fy nheulu cariadlon a'm cyfeillion yn sefyll wrth fy ochr ar yr amser hwn, ond ymddangosai fod cymaint o bopeth arall o'r hyn oedd yn fy niffinio 'fi' ar goll. Wrth edrych tua'r dyfodol, teimlwn fy mod yn wynebu dibyn dieithr.

AR EIN TEITHIAU

Nosweithiau tywyll yr enaid

Rywdro yn ystod ein bywydau, bydd pob un ohonom yn wynebu digwyddiadau sy'n arwain tuag at drybestod dirfodol o'r fath. Yn ystod fy nhaith tuag at adferiad, byddwn yn mynd i sesiynau hydrotherapi yn yr ysbyty. Gan fod pob un ohonom ni'r cleifion wedi bod trwy anafiadau amrywiol, llawer ohonynt yn bur ddifrifol, sylwais ar y plethora o greithiau yn y pwll bob wythnos – ar gefnau, ysgwyddau, breichiau, pengliniau a migyrnau. Ac eto, pe gallem syllu i eneidiau'r rhai o'n cwmpas, faint yn fwy o greithiau dwfn a ddôi i'n sylw?

Sylwodd Kierkegaard fod pwy bynnag, yn ystod yr amseroedd sy'n ein gadael â chreithiau corfforol ac emosiynol, sydd wedi dysgu bod yn bryderus yn y ffordd iawn wedi dysgu hyd at yr eithaf. Cysylltodd ei daith trwy bererindod poen â'r ddysgeidiaeth Gristnogol o bechod gwreiddiol. Ysgrifenna fod stori feiblaidd Adda ac Efa yn dramateiddio cwymp sy'n digwydd drosodd a throsodd yn ystod ein bywydau. Pan fyddwn yn wynebu dioddefaint, 'syrthiwn' drwy'r 'pechod' o ddibynnu ar esmwythad bydol, yn hytrach nag ar gynhaliaeth ysbrydol. Awgryma Kierkegaard nad methiant moesol yn unig yw pechod. Yn hytrach, mae'n fath o benbleth ysbrydol, yn droi i ffwrdd oddi wrth ras Duw yn ein hadegau anodd. Ond wrth i mi gael adferiad araf, teimlai pwyso ar Dduw fel gwaith go galed. Aeth gweddi yn wag, ac ni wnâi myfyrio ddim ond corddi mwy o anniddigrwydd.

Roedd y teimlad fy mod wedi fy ngwahanu oddi wrth Dduw yn debyg iawn i'r hyn a ddisgrifiodd Sant Ioan y Groes fel nos dywyll yr enaid. Mae poen yn ein naddu ac yn effeithio arnom yn ysbrydol yn ogystal ag yn gorfforol ac yn emosiynol. Mae llawenydd wedi bod yn rhan annatod o fy ffydd erioed. Pobl y 'newyddion da' neu'r 'efengyl' (Groeg: *euangelion*) yw Cristnogion ac mae fy nhreftadaeth Gristnogol Gymreig innau yn cynnwys y cysyniad rhyfeddol o *hwyl*, afiaith crefyddol llawen ac angerddol. Ac eto, roedd fy mhoen a'm pryder yn mynd â fi i le hollol wahanol, yn gwneud i mi ymylu ar negyddoldeb, sinigiaeth a phesimistiaeth. Gan fy mod yn dioddef o boen barhaol, roeddwn yn bryderus ers tro y byddai fy optimistiaeth a'm llawenydd naturiol yn dechrau cael eu dihysbyddu yn raddol.

Yn ystod fy amser yn y brifysgol, ymchwiliais sut y gallai cyflwr iechyd Martin Luther, y diwygiwr o'r unfed ganrif ar bymtheg, fod wedi chwarae rhan, er yn anuniongyrchol, mewn ffurfio polisïau gwrth-Semitaidd erchyll y Drydedd Reich. Yn ddiweddarach dyfynnodd propagandwyr Natsïaidd eiriau gelyniaethus Luther am Iddewiaeth yn eu pamffledi. Mae rhai haneswyr yn credu bod y dirywiad yn ei iechyd yn allweddol i'r hyn a'i harweiniodd i symud mor eithafol oddi wrth ei safiad cynharach mwy goddefgar tuag at y ffydd Iddewig. Wrth i'w boen waethygu, felly hefyd y gwnaeth cywair ei ddiwinyddiaeth, gan ddod yn fwy llym, yn llai goddefgar ac yn gynyddol brin o drugaredd tuag at rai oedd yn coleddu ffydd arall.

Roedd ymwrthod ag anobaith a chwerwder yn ystod fy nhaith adferiad yn her barhaus. A phan fyddwn yn dioddef, mae'n anodd, os nad yn amhosibl, cuddio effaith y trafferthion hyn oddi wrth y rhai sydd o'n cwmpas. Daeth y mwyafrif ohonom i arfer gwisgo mygydau yn ystod y pandemig Covid. Y gwir yw, fodd bynnag, ein bod yn gwisgo mygydau yn drosiadol trwy'r amser. 'Y mwgwd yw'r ffordd yr ydych yn rheoli beth mae pobl eraill yn ei feddwl ohonoch,' ysgrifenna James Bryan Smith; 'rydych yn gadael iddynt weld yr hyn rydych chi'n feddwl y mae arnynt eisiau ei weld, ond nid ydynt byth yn cael gweld y chi go iawn.'

Yn ein bywydau bob dydd, rydym yn newid yn llyfn rhwng mygydau gwahanol, gan addasu ar gyfer y bobl sydd o'n cwmpas a'r rolau yr ydym yn eu chwarae. Ond mae gan ddioddefaint ffordd o rwygo'r mygydau hyn i ffwrdd, gan ein gadael yn noeth ac amlwg a datgelu'r 'fi go iawn'. Pan ddaeth fy anaf cefn yn ôl, ni allwn mwyach ymddangos yn gryf, yn llwyddiannus nac mewn rheolaeth. Cofiaf ordinand ifanc a phlwyfolyn hŷn yn dod i ymweld â mi. Fel arfer, fi fyddai'n cynnig cefnogaeth a chyngor iddynt hwy. Ond dyma lle roeddwn i, yn gorwedd ar fy soffa, poen yn fy llethu ac yn methu dal y dagrau yn ôl. Ni allwn guddio'r ffaith nad oeddwn erbyn hyn yn fugail cryf, dibynadwy. Fi oedd yr un mewn angen, wedi fy ninoethi ac yn gwbl fregus.

Ble mae Duw pan fyddwn yn dioddef?

Nid yw'n rhyfeddod fod rhai yn wyneb dioddefaint yn ei chael yn anodd dal eu gafael mewn Duw cariadlon. Mewn cyfweliad ar deledu Gwyddelig yn 2015, cafodd yr actor Stephen Fry lawer o sylw wedi iddo ddisgrifio'r dwyfol fel 'Duw mympwyol, crintachlyd, twp sy'n creu byd mor llawn o anghyfiawnder a phoen'. Dim ond ychydig wythnosau cyn hynny roedd *The Theory of Everything* wedi agor yn y sinemâu ac wedi derbyn canmoliaeth frwd. Er ei bod yn ffilm ddyrchafol sy'n llawn gobaith a chariad, mae'n anodd i'r gwylwyr beidio â theimlo'n ddiymadferth a dig wrth weld y boen a'r dioddefaint annheg ar y sgrîn. Nid yn unig y mae'r Clefyd Motor Neurone yn anrheithio corff Yr Athro Stephen Hawking, ond rydym hefyd yn dystion i wewyr meddwl ei deulu a'i gyfeillion wrth iddynt wynebu canlyniadau afiechyd terfynol didrugaredd. Yn sicr nid oes 'theori popeth' ar gyfer Cristnogion i egluro presenoldeb poen yn y byd. Yn wyneb yr effaith ddinistriol a gaiff dioddefaint arnom, byddai'n briodol i'r Cristion sgrechian i'r nefoedd mewn gwylltineb a dicter. Cadarnheir hyn yn yr ysgrythur, yn enwedig yn y salmau, sy'n ein hannog i ddinoethi pob profiad a theimlad meidrol o flaen Duw ein Tad, ac nid yn lleiaf ein poen, ein hanobaith, ein cwestiynau a'n gwaedd am help. Ysgrifennodd John Bunyan fod yn aml fwy o ocheneidiau nag o eiriau yn y gweddïau gorau.

Felly, pan wynebir ni gan gwestiwn dioddefaint, nid yn unig mae boddhad deallusol y tu hwnt i'n cyrraedd, ond mae herio'r dwyfol yn dod yn ddealladwy ac yn angenrheidiol. Mae'r dystiolaeth feiblaidd a'r traddodiad Cristnogol fel ei gilydd yn ein dysgu y gallwn ganfod a theimlo presenoldeb Duw yng nghanol y brotest hon. Wrth adnabod y presenoldeb dwyfol yma, fodd bynnag, eir â ni yn ôl eto i ddirgelwch dyrys ac annirnadwy. Wedi'r cyfan, yn llyfr Job, sef o bosibl y llyfr hynaf yn y Beibl, nid yw Duw yn rhoi ateb i broblem poen. Yn hytrach, mae'n ymateb i gri Job ynglŷn â dirgelwch dioddefaint â dirgelwch dwyfol, gan dynnu sylw at yr holl harddwch a rhyfeddod a greodd.

Mae hyd yn oed y bwa beiblaidd yn batrwm rhyfeddol o'r dirgelwch dwyfol, achubol hwn – y creu, ymgnawdoliad, croeshoeliad, atgyfodiad a'r cyflawniad gogoneddus. Wrth graidd y dirgelwch hwn y mae'r groes. Mae arwydd gogoneddus y ffydd Gristnogol yn arwydd pwerus o boen a dioddefaint. Ond y mae hefyd yn arwydd o'r dirgelwch mawr arall hwnnw – cariad. *Yn* y groes, fe'n sicrheir fod cariad a dioddefaint yn perthyn yn agos i'w gilydd. *Ar* y groes, dysgir rhywbeth i ni y mae rhieni dynol hefyd yn ei wybod yn reddfol – fod aberth, dioddefaint a chariad i gyd wedi'u plethu ynghyd.

Pan oeddwn i yn dioddef poen cefn, fe'm cefais fy hun yn cyffelybu hynny i lwybr Crist at y groes, y *Via dolarosa*. Mae rhywbeth gwirioneddol drawsnewidiol mewn adnabod dioddefaint Iesu o fewn ein treialon ein hunain. Yr union reswm pam fod Duw yn sefyll gyda ni yn ein gofid corfforol ac emosiynol yw am ei fod yn gwybod beth yw dioddef. Yn ein munudau tywyllaf, rydym yn cyfarfod Duw sydd ddim yn unig yn deall ein poen ond hefyd yn rhannu ynddo. Ac felly gall fod yn ddi-fudd gofyn y cwestiwn a oes pwrpas dwyfol *mewn* dioddefaint; i'r Cristion, mae'r cwestiwn a oes gwaredigaeth ddwyfol *o* ddioddefaint yn llawer mwy arwyddocaol.

Croeshoeliedig ac atgyfodedig

Bydd pwyslais ar y groes yn unig, fodd bynnag, yn arwain at ffydd anghytbwys. Nid â phoen Dydd Gwener y Groglith a thywyllwch y Dydd Sadwrn Sanctaidd yn syml y mae tridiau gweddi'r Pasg yn ymwneud. Mae'r diwinydd Miraslov Volf yn ein hatgoffa mai gwir ddirgelwch Duw yw mai ef yw'r un a groeshoeliwyd *a'r* un a atgyfodwyd. Ni allwn gael y naill heb y llall. Fel yr un a groeshoeliwyd, mae ei bresenoldeb yng nghanol ein dioddefaint, yn gwrando ar ein cri ingol ac yn sychu ein dagrau. Fel yr un a atgyfodwyd, mae'n bresennol ym mhob gweithred drugarog a phob moment o hunanaberth. Casgliad Volf, yn gryno, yw, 'Mae Duw yn dioddef ac mae Duw yn helpu.' Gall y gwirionedd dwfn hwn ddod â rhyddid a rhyddhad pan fydd ein calonnau yn ysu am arwydd o bresenoldeb Duw yng nghanol poen didrugaredd neu anobaith dwys. Mae'n ein hatgoffa nad yw poen byth yn ddiwedd y stori a bod gwaredigaeth ac adnewyddiad ar waith bob amser yn ein bywydau.

Tra bo llawer yn gweld trychinebau'r byd fel tystiolaeth yn erbyn Duw cariadlon, roedd fy nhaith i yn mynd â fi i gyfeiriad gwahanol. Dim ond yng ngoleuni cariad a thrugaredd y mae poen a dioddefaint yn gwneud gwir synnwyr. Nid yw ein Duw ni yn cadw pellter oddi wrth ein gofidiau ond y mae'n dod i mewn iddynt ac yn sefyll wrth ein hochr pan fyddwn yn gweiddi mewn anobaith neu brotest. Efallai na fydd yn cynnig atebion hawdd, ond trwy ei bresenoldeb mae'n cynnig ei obaith a'i ystyr, hyd yn oed yn y munudau mwyaf diobaith a diystyr.

O'r herwydd, wrth i mi orwedd mewn poen gorfforol ac emosiynol, dechreuais sylweddoli ei bod yn gwbl angenrheidiol symud trwy'r cwestiwn 'Pam fi?' er mwyn cyrraedd y cwestiwn pwysicach 'Ble mae ef?' Daeth yn amlwg fod angen i mi newid y ffordd yr oeddwn yn edrych ar yr ail bererindod hon. Yn arbennig, roedd angen i mi agor fy llygaid i gael cipolwg ar lewyrch goleuni Duw yn disgleirio trwy'r profiadau dwfn eraill sy'n perthyn i deithiau ysbrydol – rhyfeddod, arwyddion, cwmni, dibyniaeth a gobaith.

Wythnos yn unig cyn gadael i gerdded yng Ngogledd Cymru bûm yn siarad â phwyfolyn oedrannus a oedd yn wynebu salwch terfynol. 'Does arna i ddim ofn marw,' meddai wrthyf. 'Yn wir, rydw i'n llawn cyffro ynglŷn â cham nesaf fy antur.' Arhosodd ei agwedd gadarnhaol, yn enwedig yng ngoleuni rhagolygon mor dywyll, gyda mi. Wrth i mi dreulio fy nyddiau ar fy soffa goch roedd tynfa ofn, edifeirwch ac anobaith yn gryf. Ar adegau, roedd bron â fy mygu. Ond dechreuodd fy ffydd fy sicrhau bod croeshoeliad ac atgyfodiad Iesu yn cynnig gwirionedd dyfnach. Mae ei oleuni ef yn gwrthod cael ei lyncu gan y tywyllwch ac mae ei obaith yn herio hyd yn oed yr amgylchiadau mwyaf anobeithiol.

Tua diwedd *The Theory of Everything*, wrth i Stephen Hawking a'i wraig ymgodymu â phoen gwahanu, a'r ddau ohonynt yn eu dagrau, edrycha ef arni hi a dweud pedwar gair yn dawel – 'Bydd popeth yn iawn.' Pan fyddwn yn wynebu dioddefaint, gall dal gafael yn y geiriau hynny deimlo'n amhosibl. Ac eto, mae eu dirgelwch tawel wrth graidd yr ymateb Cristnogol i boen. O Iesu ei hun trwy feddylwyr Cristnogol dirifedi ar hyd yr oesoedd, o Julian o Norwich i Dietrich Bonhoeffer, mae'r gobaith hwn wedi adleisio trwy'r canrifoedd, nid er mwyn ceisio gwadu dioddefaint, ond fel addewid bod cariad Duw ar waith, hyd yn oed yn ein horiau tywyllaf.

AMSER I FYFYRIO

- Cymerwch funud i fyfyrio ar adegau o boen neu ddioddefaint yr ydych wedi cael profiad ohonynt – pa greithiau corfforol neu emosiynol ydych chi'n eu cario gyda chi ar daith bywyd?

- Wrth i chi feddwl am y llwybr yr ydych arno yn awr, ble rydych chi'n gweld Duw yn eich cyfarfod yn eich trafferthion?

- Sut y gallai cariad Duw fod ar waith, hyd yn oed ar yr adegau anoddaf?

2

Rhyfeddod

Fe'n hamgylchynir gan fyd sy'n siarad, ond nid ydym yn gwrando. Rydym yn byw mewn cymuned sy'n cyfranogi mewn sgwrs eang, ond rydym yn gwadu ein rhan ynddi.
Belden Lane, diwinydd

Yn bwysicach na dim, gwyliwch yr holl fyd o'ch cwmpas â llygaid disglair oherwydd mae'r cyfrinachau mwyaf bob amser wedi eu cuddio yn y lleoedd mwyaf annisgwyl.
Roald Dahl, awdur plant

Y DAITH GYNTAF: TAITH Y PERERIN

Pererindod a natur

Wrth ysgrifennu am ei daith gerdded o John O'Groats i Land's End, mae'r athronydd Gary Hayden yn archwilio sut y gall agwedd y rhai sy'n cerdded yng nghefn gwlad tuag at natur wahaniaethu. Ysgrifenna nad oes gan rywun sydd ddim ond wedi mynd allan am dro ddim yn gyffredin â'r anifeiliaid a'r planhigion y maent yn mynd heibio iddynt. Er enghraifft, rhywbeth gwyllt fydd coeden yn syml pan ystyrir hi gan rywun dof – mae'r ddau yn byw ar wahân. Fodd bynnag, i'r rhai hynny sy'n teithio am gyfnodau hir, fel ar bererindod, ffurfir cysylltiad arbennig â byd natur. Bydd y pererin a'r goeden y maent yn mynd heibio iddi wedi cael eu llosgi gan yr un haul, eu chwythu gan yr un gwynt a'u gwlychu gan yr un glaw. Maent yn cyd-fodoli. Daw i'r casgliad fod ymwelydd sydd ar daith diwrnod yn sylwi ar natur wrth fynd heibio, ond fod rhywun yn dod yn rhan o natur wrth fynd ar daith gerdded hir.

Byddai'r anawsterau a wynebir ar bererindod yn llym ac anobeithiol ar eu pennau eu hunain. Gellir bod yn ddiolchgar fod teithiau hefyd yn cynnig adegau sy'n codi uwchlaw adfyd ac yn ein trwytho yn harddwch a bendith creadigaeth Duw. Yn y cyd-destun hwn, gall pererindodau fod yn weledol, yn datgelu presenoldeb a rhyfeddod Duw, ac yn ymgnawdoledig, gan fod ein synhwyrau yn agored i deimlo'r Crist cyfanfydol o'n cwmpas ym mhobman. Fel y mae'r clasur Uniongred y Dwyrain *The Way of a Pilgrim* yn dweud: 'Nid yn unig roeddwn yn profi llawenydd mewnol dwfn, ond roeddwn yn synhwyro fy mod yn un â holl greadigaeth Duw; roedd fel petai pobl, anifeiliaid, coed a phlanhigion i gyd ag enw Iesu Grist wedi'i argraffu arnynt.' Yn ystod fy mhererindod yng Ngogledd Cymru, teimlwn fy hun yn ymgolli fwyfwy yn fy amgylchedd a deuthum i deimlo'n agos iawn i'r byd naturiol, o eangderau'r tirweddau ysblennydd i'r planhigion a'r mân flodau wrth fy nhraed. Ysgrifennodd y bardd o'r bedwaredd ganrif ar bymtheg John Clare am ddisgyn i lawr at natur, gan awgrymu ein bod yn eistedd neu orwedd er mwyn profi'r byd naturiol o'i safbwynt ei hun. Gweithredais ar yr awgrym hwn a byddwn yn aros yn gyson ac yn gorwedd i lawr, boed hynny mewn coedwig, ar draeth neu mewn cae, ac yn amsugno awyrgylch llesmeiriol y byd naturiol. Trwy wneud hynny, roeddwn yn closio at sancteiddrwydd yn y fan a'r lle. Agorwyd fy llygaid i fyd nad oedd yn fecanyddol, yn ddifywyd ac yn estynadwy, ond a oedd yn hytrach yn gorlifo â bywyd cysegredig.

Cyfathrebu â'r byd naturiol

Dywed rhai pererinion eu bod yn teimlo cysylltiad mor ddwfn â natur fel eu bod yn dechrau sgwrsio â'r bywyd gwyllt o'u cwmpas. Ar fy nhaith i, fe'm cawn fy hun yn cyfarch anifeiliaid ac adar, weithiau yn Gymraeg neu yn Saesneg, ond yn aml trwy ddynwared eu synau eu hunain, boed yn frefu ar y defaid neu gŵan ar y colomennod gwyllt. Teimlwn ar adegau eu bod yn ymateb. Hyd yn oed pan oeddent yn dawel, fodd bynnag, ymddangosai fod eu bodolaeth ynddo'i hun yn siarad â mi. Ysgrifennodd Meister Eckhart fod popeth byw a phopeth a grëwyd yn 'eiriau Duw', yn adlewyrchu ei ddoethineb, ei gariad a'i greadigrwydd. Fel y cyfryw, roeddwn yn dyst i sgwrs ddwyfol wedi'i hysgrifennu yn iaith natur.

Cyn fy mhererindod, byddwn wedi fy synnu petai pererin wedi cyfaddef eu bod, fel rhyw Dr Dolittle cyfoes, yn siarad â chreaduriaid ar eu taith. Bydd plant bach yn aml yn priodoli nodweddion dynol i'r byd naturiol gan roi cymeriad, personoliaeth a hyd yn oed statws bod dynol i anifeiliaid ac adar. Mae storïau ein plentyndod, o Narnia i'r Gruffalo, yn llawn cymeriadau sy'n siarad. Dechreuais ailfeddiannu rhywfaint o'r duedd blentynnaidd hon wrth gyfathrebu â bywyd gwyllt yn ystod fy mhererindod ac, yn raddol, teimlwn fy mod yn dod yn rhan annatod o'm hamgylchfyd.

Mewn canrifoedd a fu, yn syml roedd cysylltiad mor glos â byd natur yn ffordd o fyw. Ond mewn canrifoedd diweddar, rydym yn aml yn edrych ar y byd naturiol yn fwy gwrthrychol. Mae pererindodau yn cynnig cyfle i adennill rhywbeth hŷn a mwy greddfol – cysylltiad cydnaws â natur sy'n teimlo'n adfywiol a hefyd yn ddilys. Yn y Beibl, disgrifir teyrnas Dduw weithiau fel rhywle lle mae anifeiliaid yn byw yn gytûn, hyd yn oed y rhai sydd fel arfer yn elynion i'w gilydd (gweler Eseia 11:6; 65:25). Yn sicr, roeddwn i'n teimlo fel petai rhan o deyrnas Dduw yn bresennol pan oeddwn yn syllu i lygaid morloi wrth iddynt ddod o'r dŵr oddi tanaf, neu yn siarad â gwiwerod oedd yn crefu am friwsion wrth i mi aros i fwyta fy nghinio, yn syllu ar fwncathod yn llithro heibio a chudyllod coch yn disgyn, ac yn rhyfeddu at y dolffiniaid yn llamu yn y môr glas crisialaidd draw.

Myfyriodd y primatolegydd Jane Goodall ar ei hamser yn jyngl gwyllt Tanzania, gan nodi wrth iddi dreulio mwy a mwy o amser ar ei phen ei hun yno ei bod yn sylweddoli fwyfwy fod gan bob rhan o'r byd naturiol hunaniaeth benodol. Ysgrifenna am ei 'pherthynas' â chefn gwlad o'i hamgylch:

> Rhoddais enwau iddynt a'u cyfarch fel cyfeillion. 'Bore da, Gopa,' dywedwn wrth i mi gyrraedd yno bob bore; 'Helo, Ffrwd' pan awn i nôl dŵr; 'O, Wynt, er mwyn y Nefoedd, tawela' wrth iddo ubain uwchben.

Fe'i disgrifia ei hun yn benodol yn dod yn arbennig o ymwybodol o 'fodolaeth coed'.

Cysylltu â choed

Yn wreiddiol, roedd tua 80% o Brydain yn goedwig. O ganlyniad i amaethyddiaeth a diwydiant, mae wedi disgyn i tua 13% heddiw. Ac eto mae'n ymddangos bod llawer ohonom yn dal i goleddu awydd i ymgysylltu â choed. Nid yw eu harwyddocâd yn gyfyngedig i'r ffaith syml eu bod yn rhoi bywyd i ni trwy amsugno carbon deuocsid a chynhyrchu ocsigen. Maent hefyd yn ein cysylltu â'r oesoedd a fu. Mae'r coed wedi bod yma am filiynau o flynyddoedd yn fwy na ni, ac mae nifer fawr o goed unigol heddiw yn gannoedd lawer o flynyddoedd oed. Mae eu hoed, eu cadernid, eu sefydlogrwydd a'u cryfder o gymorth i roi ein bywydau byr ni mewn persbectif. O'r herwydd, gallant gynnal cyswllt ysbrydol dwfn. Awgryma'r biolegydd Rupert Sheldrake eu bod 'yn gweithredu fel pont rhwng y nefoedd a'r Ddaear, gyda'u gwreiddiau yn y tir, ac wedi'u cysylltu â chyfoeth bywyd y pridd... a'u canghennau yn ymestyn tua'r awyr a golau'r haul'.

Cyn fy mhererindod, cymerwn fodolaeth coed yn ganiataol yn aml, gan gerdded yn ddall heibio'r rhai mwyaf godidog hyd yn oed. Yn ystod fy nhaith, dechreuais sylweddoli bod gennyf gyswllt agos â choed o wahanol faint ac oedran. Byddwn yn aros ac yn gosod fy nwylo ar goeden neilltuol, gan ddychmygu fy mod yn gweld ei gwreiddiau cordeddog. Mae'n rhaid bod y gwreiddiau yn ymestyn allan hyd yn oed ymhellach na'r canghennau ysblennydd uwchben, wrth iddynt dynnu dŵr o'r pridd i fwydo'r dail oedd yn ffurfio to uwchben. Mae'r cysylltiad â choed yn ddwfn yn y natur ddynol. Yn 2018, neilltuodd cyngor dinas Melbourne, Awstralia gyfeiriadau ebost i 70,000 o goed, er mwyn i bobl adrodd am ganghennau wedi torri neu broblemau eraill. Er syndod i'r cyngor, cawsant eu gorlifo â miloedd o lythyrau cariad at goed unigol oddi wrth bobl oedd yn cysylltu'n ddyddiol â'u cymdogion deiliog. Ysgrifennodd un person ifanc at goeden llwyfen leol: 'Nid oes gennym lawer yn gyffredin, gan mai coeden wyt ti, ond rwyf yn falch ein bod i mewn yn hyn gyda'n gilydd.'

Dim ond ar ôl fy nhaith y deuthum yn gyfarwydd â gwaith Suzanne Simard a Peter Wohlleben, sydd wedi ymchwilio i'r ffordd y mae coed yn cyfathrebu â'i gilydd ynglŷn â pheryglon, iechyd ac anghenion trwy rwydwaith o wreiddiau ac edafedd o ffwng mân. Daethpwyd i adnabod hyn yn annwyl fel yr *Wood Wide Web*. Yn ôl Wohlleben, 'Mae coed yn cyfathrebu trwy arwyddion arogleuol, gweledol a thrydanol.' Yn ystod fy mhererindod, teimlwn yn fy mherfedd eu bod nid yn unig yn cyfathrebu â'i gilydd, ond eu bod hefyd, rywsut, yn cyfathrebu â fi.

Un o uchafbwyntiau Taith y Pererin yw'r ywen hynafol yn Eglwys Sant Digain, Llangernyw, yr honnir mai hi yw'r goeden fyw hynaf yn Ewrop ac o bosibl yr ail hynaf yn y byd. Yn ôl traddodiad lleol, mae ysbryd hynafol a adnabyddir fel yr *Angelystor* yn byw yn yr eglwys sydd, meddir, am hanner nos ar Galan Gaeaf mewn llais fel taran yn rhagfynegi enwau'r plwyfolion a fydd farw yn ystod y flwyddyn ganlynol. Mae'r hen goeden hon yn hollti yn ei bôn, gan ffurfio amrywiol foncyffion, sy'n galluogi pererinion i ddringo i mewn iddi. Sefais y tu mewn i'w boncyff gwahanedig, bron fel petai yn groth bren yn anwesu'i hymwelydd blinedig. Teimlwn gysylltiad ysbrydol, cyffyrddadwy â'r ywen honno. Roedd ei changhennau a'i gwreiddiau cnotiog fel petaent yn sibrwd adleisiau o'r gorffennol ac yn plethu fy mhresenoldeb ag eneidiau'r pererinion dirifedi oedd wedi sefyll yno o fy mlaen.

Coed a'n ffydd

Gan ganolbwyntio ar gysyniad y diwinydd Martin Buber o Fi–Tithau (I–Thou), awgryma Graham B. Usher y dylai'r Cristion, yn hytrach nag ystyried coeden fel 'peth' ('it'), sef dim ond gwrthrych sydd ar wahân i ni, edrych ar goeden fel 'tithau' ('thou'), gan ymgysylltu â hi mewn ysbryd o barch, presenoldeb a chyswllt. Trwy ddefnyddio athroniaeth Buber daw i weld coed fel 'bodolaethau sy'n ymateb ac yn gallu gweithredu, ac felly yn medru rhyngweithio â ni ac â Duw'. Wedi'r cyfan, mae'r dystiolaeth feiblaidd yn disgrifio coed yn dawnsio, curo dwylo ac addoli (er enghraifft, yn Eseia 55:12 ac Eseciel 17:24). Fel yr ysgrifennodd y salmydd am y drefn a grëwyd: 'Nid oes iaith na geiriau ganddynt, ni chlywir eu llais; eto fe â eu sain allan drwy'r holl ddaear a'u lleferydd hyd eithafoedd byd' (Salm 19:3–4). Ysgrifenna Usher y gallwn felly ddweud ein bod yn gallu 'clywed' yr hyn y mae coed yn ei 'ddweud' wrthym. Aeth yr amgylcheddwr John Muir hyd yn oed mor bell â honni bod goslef gwahanol rywogaethau o goed yn wahanol ac yn unigryw, a phob un yn 'mynegi ei hun yn ei ffordd ei hun – yn canu ei chân ei hun, ac yn gwneud ei hystumiau neilltuol ei hun'.

Yng Nghymru, roedd parch dwfn tuag at greadigaeth Duw yn greiddiol i agwedd neilltuol Cristnogaeth Geltaidd gynnar tuag at goed a chellïoedd cyltig y paganiaid. Mae storïau ar y cyfandir am genhadon Cristnogol cynnar yn pregethu'r efengyl cyn estyn am eu bwyeill a thorri boncyffion a fawrygid i'r llawr. Ym Mhrydain fore, fodd bynnag, codid eglwysi o fewn cellïoedd derwyddol ac yn nesaf at goed sanctaidd y traddodiad paganaidd, a datblygodd safleoedd pererindod o'r lleoedd sanctaidd newydd hyn. Cafodd coed a chellïoedd hynafol ystyr Gristioneiddiedig newydd, ynghyd â hanesion ysbrydol, a'r rheini'n aml yn canolbwyntio ar seintiau Celtaidd.

Yn wir, hyd at yr unfed ganrif ar ddeg, nid oes cymaint ag un cofnod o dderwen, pinwydden nac ywen sanctaidd yn cael eu torri i lawr ym Mhrydain ac Iwerddon nac unrhyw orchymyn yn condemnio dangos parch tuag atynt. Ymddengys fod y Cristnogion Celtaidd yn ystyried bod i'r safleoedd hyn rywfaint o ansawdd cysefin Eden a'r deyrnas oedd i ddod. Fel yr ysgrifenna'r diwinydd Nicolai Berdyaev, mae harddwch 'naill ai yn atgof o baradwys neu yn broffwydoliaeth o'r byd ar ei newydd wedd'.

Wedi i mi gyrraedd Bangor yn ystod fy mhererindod, eisteddais y tu allan i'r eglwys gadeiriol drawiadol a bwyta fy mrechdanau yn yr 'Ardd Feiblaidd' yr honnir ei bod yn cynnwys pob planhigyn y cyfeirir ato yn y Beibl. Efallai nad yn ein mannau addoli ac o'u cwmpas yn unig fodd bynnag y gellir canfod cellïoedd sanctaidd cyfoes o'r fath. Awgrymodd Rupert Sheldrake fod gan y byd modern seciwlar ei gellïoedd sanctaidd ei hun ar ffurf parciau cenedlaethol. Felly, gellid hyd yn oed ystyried mynyddoedd Parc Cenedlaethol Eryri yr oeddwn yn teithio drostynt fel un gelli sanctaidd anferth. Maent yn sicr yn cynnig lluniaeth nefol ac ysbrydoliaeth i'r rhai y mae eu llygaid a'u calonnau yn agored i hynny. Wrth i mi fy nhrochi fy hun yng nghefn gwlad, dechreuodd fy safbwynt innau newid. Nid oeddwn mwyach yn gweld y byd naturiol fel rhywbeth 'llai-na-meidrol'. Yn hytrach, deuthum i werthfawrogi'r gwirionedd yn nirnadaeth yr athronydd David Abram mai natur, yn wir, yw'r byd 'mwy-na-meidrol'.

Y rhodd o le

Nid i harddwch a sancteiddrwydd y byd naturiol yn unig yr oedd y rhyfeddod a brofais yn ystod y bererindod yn perthyn. Roedd yn aml wedi'i wreiddio mewn lleoliadau daearyddol penodol. Fel yn hanes yr Israeliaid cynnar oedd yn dwyn i gof ac yn ailadrodd hanes eu gwaredigaeth, mae lleoedd yn ein cysylltu â'n gorffennol ac â hanes ein hynafiaid. Maent yn cynnig dilyniant a hunaniaeth dros genedlaethau lawer. Maent yn rhodd gan Dduw i ddynoliaeth, hyd yn oed pan fyddant weithiau yn llawn atgofion trist ac ingol. Ystyriodd Barack Obama sut, trwy gyfrwng lle, y gall y gorffennol ddylanwadu ar y presennol. Yn dilyn ymweliad â Chôr y Cewri, siaradodd am safleoedd hynafol yn rhoi i ni safbwynt newydd sy'n ein codi o'n pryderon a'n hofnau dyddiol. Daeth i'r casgliad ein bod, trwy dreulio amser yn y lleoedd hen a pharchus hyn, 'yn cael ein hatgoffa mai dim ond rhan o'r gadwyn hir hon ydym ni, ac rydym yn gwneud ein gorau â'r ddolen fach o'r gadwyn honno a neilltuwyd ar ein cyfer ni'.

Yn sicr, gall lleoedd penodol ennyn ymdeimlad o barchedig ofn a chysegredigrwydd ynom. Fel Iawe yn ymddangos i Moses wrth y berth yn llosgi (Exodus 3:5), mae'r trosgynnol yn torri drwodd yn y lleoedd hyn, yn cyffwrdd ein bodolaeth ac yn mynnu ymateb. Yn union fel y tynnodd Moses ei esgidiau, byddwn ninnau yn aml yn ymateb â pharch, gostyngeiddrwydd a rhyfeddod. Bathodd George MacLeod, gweinidog yn yr Alban a adferodd y fynachlog ar Iona yn 1938, yr ymadrodd 'lleoedd tenau' i ddisgrifio'r lleoedd hynny lle mae'r llen rhwng daear a nefoedd, rhwng y byd hwn a'r byd nesaf, yn ymddangos yn ysgafn.

Credai'r Celtiaid hynafol yn sicr fod rhai lleoedd yn sanctaidd, ac roedd Cristnogion Cymreig cynnar o'r farn fod lleoedd yn ein gwreiddio mewn grym mwy nerthol. Mae llawer o bobl yn dal i gadarnhau mewnfodaeth a phresenoldeb Duw yn y lleoedd hyn. Teimlais innau fod yr hen safleoedd sanctaidd ar Daith y Pererin, o'r meini mawr cyn-Gristnogol hyd at eglwysi a ffynhonnau sanctaidd, fel petaent yn fy nghodi i fyny, y tu hwnt i'r pryderon, y cyfyngiadau a'r boen yr oeddwn yn eu dioddef. Nid oes amheuaeth nad yw gogoniant Duw wedi'i ysgrifennu ar bob rhan o'i greadigaeth, ond mae'n ysgrifennu mewn priflythrennau mewn rhai lleoedd.

Mae Rupert Sheldrake wedi rhagdybio y gellir archwilio'r synnwyr o gyswllt a rhyfeddod a deimlwn mewn lleoliadau penodol yn wyddonol. Awgryma fod gan leoedd ryw fath o gof am y gorffennol. Disgrifia'r cysyniad fel 'cyseiniant morffig' ('*morphic resonance*') – y syniad fod gan leoedd gof y gallwn ei deimlo a chyfrannu tuag ato. Felly, gellir cysylltu cysyniad Jung o'r anymwybod torfol, cof etifeddol distylledig dynolryw, â lleoedd daearyddol.

Mae hanes o'r herwydd yn ymdebygu i donnau egni y gallwn eu codi a'u teimlo, fel pe byddem yn tiwnio i'r orsaf iawn ar y radio. Yn benodol, mewn lleoedd a elwir yn 'sanctaidd', lle bu pobl yn gweddïo neu addoli ers amser maith, byddwn mewn cytgord â'r symbyliadau grymus a brofodd pobl yno yn y gorffennol. 'Os yw pererinion wedi cael eu hysbrydoli, eu dyrchafu neu eu hiacháu mewn mangre sanctaidd,' ysgrifenna Sheldrake, 'rydym ninnau yn fwy tebygol o gael profiadau tebyg o gyswllt ysbrydol yn yr un lle.'

Gall y mwyafrif ohonom weld olion y gorffennol ar ein cyrff. O'm rhan fy hun, mae gen i graith fechan ar fy nhalcen lle cefais fy nharo'n ddamweiniol gan fy mrawd â chan o coke bron i 40 mlynedd yn ôl a chraith fawr ar fy nghefn lle rhoddwyd y bollt titaniwm i mewn i sefydlogi fy asgwrn cefn. Ond mae argraffiadau ein teithiau ar ein meddyliau a'n teimladau hefyd, y lleoedd yr ydym wedi ymweld â hwy a'r bobl sydd wedi cyffwrdd ein bywydau. Awgryma Sheldrake fod argraffiadau o'r gorffennol yn yr un modd yn bodoli mewn lleoedd daearyddol. Mae'r rhain yn fwy na'r creithiau corfforol, hanesyddol. Yn hytrach, mae'n dadlau bod lleoedd yn dal gafael mewn rhywbeth diriaethol o ddigwyddiadau a phobl y gorffennol. Mae'r gorffennol a'r presennol wedi eu clymu'n annatod yn y lleoedd hyn, fel pe byddai edau anweledig yn ein tynnu'n dyner yn ôl i'r gorffennol.

Cysylltiadau dwfn amser a lle

Roedd dod i lawr i ddyffryn Bontnewydd yng Nghlwyd, ger yr afon Elwy, yn un o brofiadau mwyaf cofiadwy a gostyngedig fy mhererindod. Deuthum i lawr ffordd eithriadol o serth i'r pentref gyda chryn drafferth ac roeddwn yn gloff oherwydd y boen yn fy mhen-glin. Ac eto pan gyrhaeddais lawr y dyffryn, roedd rhywbeth ynglŷn â'r pentref bach hwn a barodd i mi sefyll yn stond – rhywbeth na allaf yn hawdd ei roi mewn geiriau. Siaradodd y lle â mi gyda heddwch a thangnefedd nad wyf prin erioed wedi ei brofi. Gwyddwn yn syth fod rhywbeth 'arbennig', sanctaidd hyd yn oed, ynglŷn â'r lle. Fel mae'n digwydd, mae gan Bontnewydd hanes hir a hynafol. Yn y dyffryn hwn y daethpwyd o hyd i rai o'r olion Neanderthalaidd cynharaf y gwyddom amdanynt ym Mhrydain. Fe'u dyddiwyd i 230,000 o flynyddoedd yn ôl, ac roeddent yn esgyrn bachgen un ar ddeg oed ac o leiaf pedwar oedolyn Neanderthalaidd arall. Wrth i mi sefyll yno, gallwn deimlo grym trawshanesyddol y lle hwn, cysylltiad arbennig y tu hwnt i amser unionlin, cyswllt a ymddangosai yn bersonol â'r rhai a ffynnodd ac a ymdrechodd yn y dyffryn hynafol hwn.

Bu adegau eraill cyffelyb yn ystod y bererindod, er nad oeddent mor ddiriaethol, pan deimlais gyswllt tebyg. Digwyddai hynny yn aml mewn lleoedd ble roedd olion gweladwy neu anweledig o'r gorffennol, ond dro arall digwyddai oherwydd harddwch gogoneddus y byd naturiol. Weithiau, roedd yn gyfuniad o'r ddau. Awgryma'r athronydd Ffrengig Merleau-Ponty fod cyfnewid parhaus ac unigryw rhwng ein cyrff unigolyddol a'r byd o'n cwmpas ac, o sylweddoli hyn, gallwn deimlo ymwybyddiaeth ddyfnach ohonom ein hunain a'n hamgylchedd. Nid wyf erioed wedi teimlo'r cyfnewid hwn mor amlwg ag a wnes mewn munudau o barch a rhyfeddod ar y bererindod hon – yn eistedd yn bwyta fy nghinio a syllu ar forloi yn symud i fyny ac i lawr yn y tonnau, yn cysgodi mewn hen gapel tra chwipiai'r glaw yn erbyn y muriau allanol, yn gorwedd yn flinedig ar ochr bryn pellennig a haul y gwanwyn yn cynhesu fy wyneb, a hyd yn oed yn gorffwyso mewn bath halen adfywiol ar ddiwedd pob dydd. Cefais fy arwain gan fy nhaith i gyffwrdd rhywbeth dwfn, byd-eang trwy iaith y byd a grëwyd gan Dduw. Roeddwn yn profi'r 'aruchel' ('*sublime*') y myfyriai ysgrifenwyr y ddeunawfed a'r bedwaredd ganrif ar bymtheg yn ei gylch. Fel yr ysgrifennodd y dramodydd Seisnig John Dennis, sef y sawl a fathodd y gair '*sublime*' yn wreiddiol, ar ôl iddo fod yn cerdded yn yr Alpau: 'The sense of all this produc'd different motions in me, *viz.* a delightful Horrour, a terrible Joy, and at the same time, that I was infinitely pleas'd, I trembled.'

YR AIL DAITH: TRWY ANAF A THYWYLLWCH

Meddylfryd pererindod

Wedi i mi ddychwelyd adref o fy mhererindod a chychwyn ar y ffordd hir tuag at adferiad iechyd, sylweddolais fod fy ymwneud â natur wedi newid. Teimlai'n wahanol er nad yn llai angerddol. Er gwaetha'r boen gorfforol a'r cythrwfl meddyliol oedd yn fy llethu, canfu presenoldeb Duw yn y byd naturiol ffyrdd i dorri trwodd. Hyd yn oed pan orweddwn ar fy soffa am yr hyn a deimlai fel oriau diddiwedd, roedd adegau pan oedd fy nghyswllt â'r greadigaeth mor ddwfn ag erioed. Ac eto, yn y dyddiau cynharaf un o adferiad, a minnau dan bwysau anaf ac ansicrwydd, nid oedd adnabod goleuni Duw yng nghanol cysgodion fy mrwydr yn hawdd o bell ffordd.

Disgrifiai'r primatolegydd Jane Goodall pa mor bell y teimlai oddi wrth ei ffydd adfywiol bob tro y gadawai y jyngl yn Tanzania i fynd ar ei theithiau darlithio yn ninasoedd Unol Daleithiau America a'r Deyrnas Unedig. Roeddwn innau wedi cael profiad angerddol o Dduw yn ystod fy mhererindod ac felly, wrth fy nghael fy hun yn wynebu poen enbyd pan gyrhaeddais adref, roeddwn innau hefyd ar y dechrau yn teimlo'n ysbrydol wag. Pan gyrhaeddais adref o fy mhererindod, ar y dechrau roedd fy meddwl yn gwlwm o boen a phryder a hynny yn ei gwneud yn anodd i mi weld na theimlo rhyfeddod Duw. Roedd fel pe byddai niwl wedi disgyn dros fy nghalon gan bylu'r goleuni a fu unwaith mor gyfarwydd i mi.

Ysgrifenna Goodall ei bod yn raddol wedi dysgu 'cadw heddwch y goedwig oddi mewn' ar ei theithiau darlithio. Er nad oedd hynny'n hawdd pan oeddwn yn wynebu poen a phryder, dysgais innau hefyd dynnu ar fy atgofion o'r daith a llwyddais i gael nerth o'r harddwch a oedd rhywsut wedi aros ynof. Yn y pennill olaf o 'I wandered lonely as a cloud', mae'r bardd Wordsworth yn gorwedd yn ôl ar ei gowtsh yn dwysfyfyrio, ac mae ei feddwl yn dychwelyd yn fyw at y daith a gerddodd a'r llu o gennin pedr euraidd ('*host of golden daffodils*') a welodd. Mae hyn yn codi'i galon ac yn dod â llawenydd iddo:

> *They flash upon that inward eye*
> *Which is the bliss of solitude;*
> *And then my heart with pleasure fills,*
> *And dances with the daffodils.*

Cyfrannodd adleisiau o brofiadau trosgynnol fy mhererindod gyntaf tuag at fy ail bererindod ac, ymhen amser, llwyddodd yr atgofion hyn i'm cynnal a'm hysbrydoli yng nghanol fy mhoen.

Ar yr adegau hynny pan gawn fy hun yn ymgodymu â niwl meddyliol trwchus oedd yn cymylu fy atgofion, byddwn yn fy ngorfodi fy hun i fynd allan a cherdded teithiau byr er gwaetha'r boen, yn benderfynol o adennill synnwyr o symud ac ymgysylltu. Fesul tipyn dechreuodd meddylfryd pererindod oresgyn y pryder. Yn wir, roedd poen ei hun mewn ffordd unigryw yn caniatáu gwerthfawrogi creadigaeth Duw. 'Rwyf yn caru'r goleuni oherwydd ei fod yn dangos y ffordd i mi,' ysgrifennodd Og Mandino, 'ond rwyf yn goddef y tywyllwch oherwydd ei fod yn dangos y sêr i mi.' Ac felly, yn union fel yr oeddwn wedi ymhyfrydu mewn creigiau, nentydd a choed ar fy nhaith, dechreuais werthfawrogi pethau cyfarwydd oedd o'm cwmpas ym mhobman yn y tŷ, y tu allan i'r ffenestr neu ar y teithiau byr a gerddwn. Dechreuais weld pethau oedd yn gyfarwydd i mi ers bron i hanner canrif mewn goleuni newydd, gwahanol.

Dinas paradwys

Daeth ein gardd gefn yn noddfa arbennig, wrth i mi gamu o'i chwmpas yn ceisio'n daer leddfu'r boen trwy symud. Mae llyfr Genesis yn peintio paradwys fel gardd, lle mae bodau dynol, planhigion ac anifeiliaid yn byw mewn cytgord perffaith â'u creawdwr. Mewn ffordd fach ond ystyrlon, mae ein gerddi ni ein hunain, ein parciau lleol a'r rhandiroedd yn ein cymdogaethau yn adleisio'r cydbwysedd gwreiddiol hwnnw, gan gynnig cipolwg ar yr harddwch a'r drefn a gollwyd ar ôl y cwymp. Byddwn hyd yn oed yn diosg yr haenau o gotwm a rwber rhwng fy nghorff a'r ddaear trwy dynnu fy esgidiau a'm hosanau er mwyn cerdded yn droednoeth o gwmpas yr ardd a chysylltu'n uniongyrchol â daear Duw. Roedd teimlo'r gwelltglas o dan fysedd fy nhraed, yn cyffwrdd y gwadnau, yn deffro rhywbeth gwerthfawr a dyrchafol o'm mewn. Gogleisiai pob glaswelltyn fy nerfau a'm synhwyrau, oedd yn deimlad syml ond cyffrous dros ben. Ond roedd y profiad hyd yn oed yn fwy ingol gan fod y rhan fwyaf o'r teimlad mewn un droed wedi pylu oherwydd niwed i'r nerfau yn dilyn yr anaf i'm cefn.

Cyn bo hir, wrth i mi gryfhau, daeth troeon cerdded byr o gwmpas y llyn dinesig sydd o flaen ein tŷ ni â'r cysur yr oedd ei wir angen arnaf. Sylweddolais nad oeddwn wedi llawn werthfawrogi'r llyn pan fu i ni symud yno bum mlynedd ynghynt. Nid oedd yn ymddangos yn ddigon gwyllt nac afreolus i rywun yn hanu o Eryri. Yn awr, fodd bynnag, daeth yn noddfa i mi. Roedd y llyn ei hun wedi aros yr un fath, ond roedd fy anaf wedi ailffurfio fy mherthynas ag ef yn llwyr. Ysgrifennodd Immanuel Kant fod yn rhaid chwilio ym meddwl y sawl sy'n barnu am yr hyn sydd mewn gwirionedd yn ddyrchafedig, ac nid yn y gwrthrychau natur hynny sy'n symbylu'r teimlad.

Yn ystod y troeon cerdded byr hyn wrth y llyn, profais adegau pan ymddangosai amser a lle yn ddibwys ac fe roddais fy hunanfalcher heibio. Yn ystod y munudau hynny, roeddwn wedi llwyr ymgolli yn fy amgylchedd, ac wedi gollwng gafael ar yr angen i reoli. Gall y synnwyr hwn o'r hyn a elwir gan y seicolegydd cymdeithasol Mihaly Csikszentmihalyi yn 'llif' ymddangos mewn sawl ffordd, boed trwy goginio, arlunio, tylino toes neu hyd yn oed chwarae dartiau, chwarae snwcer neu chwarae bowls. Ond yn aml daw allan yn haws yng nghefn gwlad. Bydd y pryderon sydd fel arfer yn clebran yn ein meddyliau yn lleddfu nes distewi, gan wneud lle i heddwch dwfn ac esmwyth. Disgrifiodd y seicolegydd o'r bedwaredd ganrif ar bymtheg William James adegau pan fyddwn yn ein cael ein hunain ar ein mwyaf dwfn ac angerddol effro a byw. Mynnai mai dyma pryd y bydd pob un ohonom yn canfod y gwir hunan.

Hyd yn oed pan oedd fy mhoen yn rhy ddifrifol i mi fedru gadael fy soffa goch, roedd rhyfeddod natur yn dal i dorri trwodd. Byddai fy ysbryd yn codi wrth wylio cnocell y coed werdd yn y coed dros y ffordd i'r tŷ, gyda'i llais arbennig, a'r haid o ditŵod cynffon hir a fyddai'n ymweld â'r goeden magnolia y tu allan i ffenestr fy llofft. Daeth yr adar bach egnïol hyn, a ddisgrifir fel 'llwyau te yn hedfan' mewn rhai rhannau o'r wlad a 'lolipops pluog' gan y naturiaethwraig Emma Mitchell, yn drysor i mi wrth i mi wella. Dechreuais deimlo cysylltiad agos â'r goeden magnolia ei hun hyd yn oed. Yn ystod y blynyddoedd diweddar, rydym wedi cymryd arnom ein hunain i amddiffyn coed â gorchmynion cadwraeth a chynnal a chadw fforestydd. Sylwa Mayhew-Smith fod hyn yn gwrthdroi ein hierarchiaeth trwblus yn y byd naturiol. Yn hanesyddol, ystyrid mai coed, yn enwedig y rhai sanctaidd a berchid, oedd yn ein hamddiffyn ni, yn hytrach nag i'r gwrthwyneb. Yn fy mhoen corfforol a meddyliol, teimlwn fod y goeden magnolia hon rywsut yn ymwybodol o fy nhrafferthion ac yn gwylio drosof.

Eiliadau tenau

Yn ei astudiaeth arloesol *A Secular Age*, mae Charles Taylor yn cymharu'r byd cyn y Diwygiad Protestannaidd, lle roedd gan wrthrychau ffisegol, pobl a lleoedd rym ysbrydol, â'r byd ar ôl y Diwygiad Protestannaidd, lle dechreuodd y byd gael ei ddadrithio. Felly, caethiwyd pobl yn eu meddyliau a chollodd y byd y tu allan ei arwyddocâd. Sylweddolais yn fuan yn ystod fy nhaith tuag at iachâd mai ychydig o atebion oedd yn fy meddwl. Yn wir, fe'm cefais fy hun wedi fy nghaethiwo mewn pryder a phruddglwyf. Roedd rhyddid yn golygu fy nhrochi fy hun yng nghreadigaeth Duw ac agor fy llygaid, fy nghlustiau a'm calon i ddimensiwn nefolaidd y byd naturiol. Pan ddangosodd fforwyr Ewropeaidd cynnar wydr am y tro cyntaf i lwythau pellennig ar ynysoedd anghysbell, dywedir ei fod mor ddieithr iddynt fel na allent wneud dim ond canolbwyntio ar y gwydr ei hun – gallent weld y gwydr, ond ni allent weld trwyddo. Mae'r alwad arnom ni fel Cristnogion i beidio â bod ynghlwm yn ein meddyliau a'n teimladau, ond nid yw chwaith yn alwad i ganolbwyntio ar y byd o'n cwmpas yn unig. Yn hytrach, gwelwn y tu hwnt i'r byd materol a thrwyddo gan adnabod teyrnas Dduw o'n cwmpas ym mhobman.

Yn hytrach na 'lleoedd tenau' fy hynafiaid Celtaidd, 'eiliadau tenau' oedd fy mhrofiad i yn ystod fy nhaith tuag at iachâd. Adegau oedd y rhain pan ymddangosai fod dimensiwn arall yn torri trwy ddiflastod fy nyddiau. Defnyddia Charles Foster gyfatebiaeth y wardrob yng nghroniclau Narnia C.S. Lewis i ddisgrifio eiliadau gwibiol o'r fath: 'Gallwch deimlo'r cotiau ffwr ar eich boch, ac mae eiliadau pan fyddwch bron â gallu teimlo pluen eira ar eich trwyn, neu gyffyrddiad pinwydden.' Sylwodd Lewis ei hun fod adegau o ryfeddu hyd yn oed yn fwy disglair pan fyddwn yn dioddef. Disgrifia ein calonnau yn cael eu codi gan waniadau o lawenydd. Nid yw'r rhain yn para'n hir nac yn sefydlog na sicr. Ond, ynddynt a thrwyddynt, cawn gipolwg ar rywbeth mwy, rhywbeth tragwyddol. Maent yn eiliadau gorfoleddus, pan fyddwn yn gweld blagur gwyrdd ar ein teithiau yn yr anialwch. Fel y sylwodd Janet Erskine Stuart: 'Nid absenoldeb dioddefaint ond presenoldeb Duw yw llawenydd.'

O'i gymharu ag angerdd fy nhaith yng Ngogledd Cymru, roedd y cyswllt â'r byd naturiol yn llai dwys ac yn llai aml yn ystod fy ail bererindod. Ac eto pan ddeuai'r adegau hynny, roeddent yn dod yn sydyn ac annisgwyl, fel pan gefais fy syfrdanu gan fflach o lesni glas y dorlan wrth i mi gerdded o gwmpas y llyn. O dro i dro, roedd mwy o bwrpas a threfn i'r cyfleoedd i ryfeddu. Ar ddyddiau glawog, byddwn yn gorwedd ar y soffa yn fy ystafell gefn ac agor drysau'r patio. Teimlwn yn gaeëdig a diogel wrth wrando a gwylio'r dafnau glaw yn pitran-patran ar yr ardd gefn. Gwasgarai fy rhwystredigaeth a'm pryder a theimlwn yn ddyrchafedig a heddychlon.

Gan na allwn eistedd na sefyll ond am amser byr iawn, nid oedd derbyn cynhaliaeth ysbrydol mewn gwasanaethau hir yn yr eglwys yn bosibl. Yn ogystal â derbyn y Cymun gartref gan offeiriaid caredig, llwyddais i ail-greu llygedyn gwan o gyswllt y gwasanaeth Ewcarist mewn modd anghyffredin. Bob dydd Sul byddwn yn mynd â fy mrecwast at ochr y llyn a rhannu briwsion â'r hwyaid a'r gwyddau. Byddwn yn f'atgoffa fy hun fod hyn, mewn rhyw ffordd fechan, yn adleisio munudau beiblaidd o gyswllt ysbrydol trwy ddarpariaeth a chynhaliaeth, megis y cyfnewid bwyd rhwng Elias a'r cigfrain yn 1 Brenhinoedd 17 a'r swper olaf yn yr efengylau. Er na allai hyn fyth ddisodli fy angen am y sacrament Ewcaristaidd, roedd rhannu fy mara â chwmni mor anghonfensiynol yn cyffroi rhywbeth oedd yn ysbrydol ddwfn o'm mewn. Wedi'r cyfan, mae'r union air 'cwmpeini/*company*' yn dod o'r Lladin *cum pane*, sy'n golygu 'gyda bara'. Ac felly yn y weithred syml hon bob wythnos, roedd cipolwg o'r hyn a alwai Kierkegaard yn ymwybyddiaeth o dragwyddoldeb, sef synnwyr o'r dwyfol sydd fel y sylwodd ef yn disgleirio yn fwyaf llachar mewn adegau o aflonyddwch a dioddefaint.

AR EIN TEITHIAU

Natur a lles

Mae ymchwil diweddar yn datgelu bod trochi ein hunain yn y byd naturiol yn ystod ein teithiau yn gwir gyfoethogi ein lles meddyliol a chorfforol. Mae'r biolegwr Edward O. Wilson yn priodoli hyn i'r reddf sydd wedi'i gwreiddio'n ddwfn ynom i ymgysylltu â'r byd naturiol, gwaddol ein hynafiaid oedd yn byw trwy hela a chasglu ac wedi'u clymu yn agos â'r tir. Mae'n galw hyn yn *biophilia*. Ac eto, rydym yn pellhau fwyfwy oddi wrth ein hamgylchedd naturiol ac yn ein cael ein hunain wedi ymgolli'n amlach yn y byd digidol. Creodd Richard Louv y term 'anhwylder diffyg natur' ('*nature-deficit disorder*') i ddisgrifio effeithiau'r diffyg cyswllt hwn ar iechyd unigolion ac ar y gwead cymdeithasol. Canfu, er enghraifft, fod plant ifanc yn llawer mwy parod i uniaethu â chymeriadau cartŵn nag â'r coed, yr adar a'r anifeiliaid yn eu hardal. Hyd yn oed yn fwy trawiadol, mae carcharorion Prydain yn treulio mwy o amser y tu allan na 75% o blant.

Fodd bynnag, nid ar bobl ifanc yn unig yr effeithir gan y diffyg cyswllt â chefn gwlad. Rydym i gyd yn pellhau fwyfwy oddi wrth natur ac mae'n bur debyg fod ein hargyfyngau iechyd meddwl presennol yn deillio i raddau helaeth o hynny. Mae gwyddonwyr wedi darganfod bod amrywiol newidiadau seicolegol a niwrolegol yn digwydd pan fyddwn allan yn yr awyr agored ym mhresenoldeb anifeiliaid a phlanhigion. Gall natur newid cydbwysedd y niwrodrosglwyddyddion yn ein hymennydd, gan roi i ni ddognau o gemegion ymenyddol sy'n effeithio ar ein meddwl. Mae ymchwil gan wahanol brifysgolion, o Gaerwysg i Madrid, wedi dangos nid yn unig y gall amser yn yr awyr agored helpu adferiad o iselder a phryder ond y gall dim ond syllu ar y byd naturiol trwy ffenestr ystafell fyw wneud lles i'r meddwl a chodi ein hwyliau yn sylweddol.

Fel y deallai Iesu pan siaradodd am adar yr awyr a lili'r maes (Mathew 6:25–29), mae gan natur ffordd o newid ein safbwynt. Mae'n llacio ein gafael ar fanylion bywyd gan ganiatáu i ni gymryd cam yn ôl a gweld y darlun mawr yn fwy eglur. Disgrifiodd Kierkegaard ei hun fel rhywun a alluogwyd i weld pethau yn wahanol trwy gân ddofn ond dyfal dawel y môr, emynau mawl cynulleidfaol yr adar a galwad i weddïo gan natur. Yn yr un modd mae Iris Murdoch yn ei llyfr *The Sovereignty of Good* yn cofio bod mewn pryder mawr yn pendroni uwchben anhawster a wynebai. Edrychodd allan trwy ei ffenestr a sylwodd ar gudyll coch yn hofran. Wrth iddi sefyll, wedi'i chyfareddu gan yr aderyn ysglyfaethus, disgrifia sut y bu i'w meddylfryd newid yn araf. 'Nid oes dim yn awr ond cudyll coch,' meddai, 'a phan ddychwelaf i feddwl am y mater arall mae'n ymddangos yn llai pwysig.'

Ar fy mhererindod yng Ngogledd Cymru, wrth i mi gerdded ar y clogwyni a syllu allan ar y môr tonnog, teimlwn fel petawn mewn byd gwahanol i'm prysurdeb gwyllt dyddiol. Awgryma'r biolegydd môr Wallace Nichols fod syllu allan ar y môr yn rhoi seibiant i ni o'r symbyliadau gweledol parhaus a dderbyniwn yn ein bywydau bob dydd. Ond gellir dal ar gyfle i gael seibiant o'r fath i'r meddwl ym mha amgylchedd bynnag sydd yn lleol i ni. Ger ein cartref ni mae coedlan fechan, dim mwy o faint na chae pêl-droed. Treuliais amser yno yn ystod fy adferiad, yn rhoi cynnig ar yr arfer Japaneaidd o 'drochiad coedwig' (*shinrin-yoku*), gan adael i'r goedlan hon dawelu a chysuro fy meddwl. Dangosodd ymchwilwyr ym Mhrifysgol Chiba yn Japan fod therapi syml o'r fath yn medru cryfhau imiwnedd, lleihau tyndra, a gostwng colesterol a phwysedd gwaed. Mae'r arfer yn hynod boblogaidd yn Japan, lle mae 48 fforest ymdrochi ddynodedig. Fel y dywed y naturiaethwraig Emma Mitchell: 'Nid yw yn fwy anarferol chwilio am goed a phlanhigion pan fyddwch yn teimlo'n sâl yn Japan nag yw picio at y fferyllydd i nôl ibuprofen yn y Deyrnas Unedig.'

Cysylltu â Duw y creawdwr

I Gristnogion, mae ein cysylltiad â'r byd naturiol yn bod nid yn unig oherwydd ei fod yn helpu ein hiechyd meddyliol nac am ein bod yn ei gael yn esthetaidd ddymunol. Yn hytrach, mae rhywfaint o ryfeddod natur yn ein cysylltu â Duw ein creawdwr. Mae'r profiad ysbrydol yn llawer mwy cymhleth na dim ond cael ein tawelu neu ein hysbrydoli trwy natur. Yn lle hynny, mae'r profiad aruchel yn ein codi i gyflwr dyrchafedig fel y cyfeiriodd yr athronydd o'r bedwaredd ganrif ar bymtheg Schopenhauer ato. Mae hyn yn arwain at rywbeth y tu hwnt i natur. Mae'n caniatáu i ni ymroi ein hunain i Dduw sy'n cynnig rhyddid oddi wrth y pryderon a'r dyheadau sy'n ein caethiwo. Mae rhai yn ymgysylltu trwy funudau mawr ac aruchel, boed hynny wrth syllu ar y sêr uwchben neu edmygu machlud haul gwych. Ond, i eraill, mae'r profiad aruchel i'w gael yn symlder tro heddychlon yn y parc, cawod sydyn o law wrth i ni roi'r dillad ar y lein, neu ymweliad annisgwyl gan robin ar ein sil ffenestr.

Mae'r teimladau o arswyd a rhyfeddod sy'n torri trwodd ar yr adegau hyn wedi eu gwreiddio'n ddwfn yn ein gorffennol esblygiadol. Roedd Jane

Goodall yn dweud bod gan hyd yn oed y tsimpansïaid yn jyngl Gombe yn Tanzania deimladau tebyg i arswyd. Roeddent yn aml yn perfformio dawns ogoneddus wrth raeadr syfrdanol dyffryn Kakombe, yr awgrymwyd ganddi oedd yn debyg i addoliad crefyddol sylfaenol. Ysgrifennodd fod hyn wedi'i ysgogi gan ddirgelwch dŵr; dŵr sy'n ymddangos fel ei fod yn fyw, yn rhuthro heibio ond byth yn mynd, bob amser yr un fath ond eto'n wahanol.

Roedd Cristnogaeth Geltaidd yn adnabod y dwyfol yn ein munudau ni o gyswllt â'r byd naturiol. Erbyn hyn, heblaw ambell wasanaeth 'eglwys goedwig' yn achlysurol, mae ein haddoliad fel arfer o fewn pedair wal ein hadeiladau eglwysig. Yn nofel Niall Griffiths *Grits*, sydd wedi'i lleoli yn Aberystwyth, honna Liam fod yr eglwys yn ei dyddiau cynnar 'startud to build places whur we could supposedly meet God an ignore all the places whur ee actually is'. Yn sicr, mae'r testunau Prydeinig hynafol sydd wedi goroesi yn peintio darlun llachar o Gristnogion Celtaidd cynnar yn rhyngweithio â Duw yr adar, yr anifeiliaid a'r coed, wrth iddynt fyw fel meudwyaid ar ynysoedd anghysbell, wynebu demoniaid ar gopaon mynyddoedd, a hyd yn oed gweddïo yn noeth mewn afonydd rhewllyd. Roedd eu bywydau, ac yn wir eu ffydd, wedi'u trwytho yn y byd naturiol.

Roedd yr agwedd Geltaidd tuag at natur, wedi'i gwreiddio yn yr ysgrythur, yn deillio o'r awydd i ddangos bod y greadigaeth yn tarddu o'r Duw Cristnogol ac nid o dduwiau paganaidd. Roedd y Cristnogion Celtaidd cynnar yn ymwneud â chenhadaeth mewn ffordd arloesol. Wrth ddod ar draws paganiaeth Geltaidd wedi'i gwreiddio yn yr amgylchedd lleol nad oedd wedi'i drefoli, roedd yn rhaid i Gristnogaeth addasu ei neges ac ymestyn ymhellach. Roedd llawer o ddiwinyddiaeth athronyddol y byd Groegaidd a Rhufeinig nad oedd yn gydnaws â'r bobl Geltaidd. Yn hytrach, fel yr apostol Paul yn addasu ei bregethu ar gyfer sgwâr y farchnad yn Athen, addasodd yr eglwys trwy ei gwreiddio ei hun ym myd planhigion, anifeiliaid a thiriogaethau garw, anhydrin y môr a'r mynyddoedd. Fel y sylwodd Nick Mayhew-Smith, i'r Cristnogion Celtaidd cynnar roedd natur yn cynnwys rhwydwaith elfennol eglwys: adleisiai rhythm y llanw rhythm moliant, darparai'r creigiau mawr lwyfannau ar gyfer pregethu, ac roedd coed sanctaidd yn cynnig cysgod ar gyfer cynnal addoliad.

Yr hyn oedd yn arbennig am Gristnogaeth Gymreig gynnar felly oedd ei bod yn datgan Duw mewnfodol, mor agos a phresennol â'r byd naturiol. Dros amser, datblygodd bwlch yn dawel ond yn llwyr rhwng y byd ysbrydol a'r byd naturiol. Disgrifia Nick Mayhew-Smith hyn fel dadsancteiddio natur. O ganlyniad, pylodd llawer o'r parch a'r ofn a oedd mor naturiol i genedlaethau cynharach. Disgrifia Belden Lane y symudiad hwn fel esboniadaeth gyfoes o amheuaeth sydd yn diystyru, ac weithiau yn gwawdio'r syniad o ganfod y sanctaidd ym myd natur. Daw i'r casgliad fod y llwybr sy'n mynd yn ôl at y berth yn llosgi wedi ei golli.

Arlliwiau o'r Drindod

Er ei bod yn demtasiwn ystyried y safbwyntiau Celtaidd cynnar hyn fel rhai hynafol a chyntefig, maent yn gydnaws â syniadau gwyddonol diweddar. Mae nifer o wyddonwyr ac athronwyr blaenllaw, yn cynnwys Galen Strawson a Thomas Nagel, wedi awgrymu bod gan bob atom a moleciwl ymwybyddiaeth o ryw fath. Mae panseiciaeth yn awgrymu bod gennym gysylltiad greddfol â'r byd naturiol oherwydd presenoldeb 'meddwl estynedig', 'meddwl heb fod yn lleol' neu 'feddwl cordeddog'. Awgryma Rupert Sheldrake nad gwreiddyn ein meddyliau cymhleth ni ein hunain yn unig yw'r ymwybyddiaeth fyd-eang hon, ond ei bod yn adlais o ymwybyddiaeth sylfaenol Duw. Mewn geiriau eraill, mae'r ymwybyddiaeth sy'n ffurfio'r bydysawd yn llifo trwy natur yn gyfan ac mae meddyliau anifeiliaid a phobl yn deillio ohoni yn y pen draw. Felly, yn yr ystyr hwn, mae Duw y tu hwnt i'r byd naturiol ond hefyd yn hollbresennol o'i fewn. Mae pob rhan o'r greadigaeth yn bodoli o'i fewn ac yn cydsefyll ynddo ef (Colosiaid 1:16–17).

Mae'r syniad hwn yn cysylltu ag ymagwedd ddiwinyddol sy'n cydnabod bod 'arlliwiau o'r Drindod' (*Vestigia Trinitatis*) wedi'u plethu i mewn i'n profiadau dynol. Fel y dywed Peter J. Leithart, gellir cael cipolwg o'r Drindod 'dan bob carreg ac ym mhob machlud ac yn wyneb pob dieithryn'. Yn union fel y mae tri pherson y Drindod yn byw oddi mewn i'w gilydd, maent hefyd yn byw oddi mewn i bob realedd, gan gynnwys y byd naturiol. Pan fyddwn yn dod ar draws adegau o harddwch mewn natur, byddwn yn tystio i bresenoldeb y Drindod, fel dawns ddwyfol yn symud trwy'r byd o'n cwmpas.

Wrth i mi wella o'r anaf i'm cefn, a minnau'n dal i fod mewn poen emosiynol a chorfforol ac yn methu teimlo gwylltineb fy mhererindod gynharach, agorwyd fy llygaid i ddawns y Drindod mewn ffyrdd llawer mwy sylfaenol – trwy ymwelwyr â fy mwrdd adar, dail yn siffrwd ar y coed y tu allan i'm ffenestr, troeon cerdded byr yn fy mharc lleol, rhosod yn yr ardd, a glaw yn curo yn erbyn drysau'r patio. Wrth fyfyrio ar ei hamser yn Auschwitz, awgrymodd y seicolegydd Edith Eger mai'r unig beth sydd ar ôl i ni mewn unrhyw ddioddefaint yw'r dewis o sut yr ydym yn ymateb iddo. Yn yr ystyr hwn, honna fod gennym ddewis syml: 'Mynd yn chwerw yn ein gofid a'n hofn. Gelyniaethus. Wedi'n parlysu. Neu ddal ein gafael ar y rhan blentynnaidd ohonom, y rhan fywiog a chwilfrydig, y rhan sydd yn ddiniwed.'

Pan fyddwn yng nghanol stormydd bywyd, nid yw cynnal y gallu plentynnaidd hwnnw i barchu a rhyfeddu yn hawdd. Ond gall weithredu fel angor, gan roi sylfaen gadarnach na'n trafferthion i ni a'n hatgoffa bod gobaith ac ystyr yn bod, hyd yn oed ar adegau tywyllaf bywyd. Yn ei gerdd 'Counterpoint', mae R.S. Thomas yn awgrymu ei bod yn ymddangos weithiau bod Duw, y briodferch ar ddiwrnod y briodas, yn chwarae cuddio gyda ni. Ac eto, yn yr eiliadau hynny, pan fydd y briodferch ei hun fel petai'n anweledig, mae Thomas yn ein hannog i sylwi ar y darnau bach disglair o gonffeti sydd wedi eu gwasgaru o gwmpas ym mhobman. Pan fyddwn yn ymgysylltu â'r byd naturiol, mae'r conffeti hwnnw ar ei fwyaf llachar a hardd.

AMSER I FYFYRIO

- Sut yr ydych chi'n ymgysylltu yn fwyaf greddfol ag aruthredd a rhyfeddod y byd naturiol?

- Ym mha ffyrdd y mae Duw yn siarad â chi trwy'r greadigaeth?

- Yn y dyddiau i ddod, ystyriwch sut y gallech wneud amser i orffwyso yn harddwch natur – boed yn gerdded yn y wlad, eistedd mewn gardd neu barc, neu dim ond oedi i sylwi ar y byd y tu draw i'ch ffenestr.

3

Arwyddion

Rwyf erbyn hyn wedi byw am gant a naw gaeaf yn y byd hwn ac nid wyf hyd yma erioed wedi cyfarfod y fath beth â Lwc.
Hermit wrth Aravis yn C.S. Lewis, *The Horse and His Boy*

Mae yna lais nad yw yn defnyddio geiriau. Gwrandewch.
Rumi, bardd

Y DAITH GYNTAF: TAITH Y PERERIN

Dangos y ffordd ar ein teithiau

Roedd yr arwyddion a ddangosai'r ffordd yn hanfodol yn ystod fy mhererindod yng Ngogledd Cymru. Yn wir, wythnosau wedi i mi ddod adref, fe'm cawn fy hun yn dal i freuddwydio am yr arwyddion bach gwyn crwn oedd wedi fy arwain ar hyd y daith. Gwyrais oddi ar lwybr y pererinion sawl gwaith, ond heb yr arwyddion i ddangos y ffordd byddwn wedi treulio mwy o lawer o oriau yn crwydro cefn gwlad garw Eryri yn ddiamcan, ar goll ac yn rhwystredig.

Ar ben hynny, roedd yr arwyddion hyn yn fwy na rhywbeth ymarferol; roeddent yn cynrychioli cyfeiriad a sicrwydd, yn dangos y ffordd ymlaen yn dawel. Roedd gwefr i'w theimlo wrth chwilio amdanynt a buddugoliaeth fechan wrth ddod o hyd iddynt, gan fod llawer ohonynt wedi'u cuddio gan dyfiant neu wedi'u difrodi oherwydd traul. Roedd hefyd angen eu darllen yn gywir gan ei fod yn aml yn fater o ddehongli pa ffordd yr oedd y saeth yn cyfeirio! Roedd angen sylwi'n fanwl ar bob un, ac roedd hynny yn f'atgoffa nad trwy ddilyn arwyddion yn ddifeddwl y mae aros ar y llwybr cywir, ond bod hefyd angen dirnadaeth, amynedd ac ymddiriedaeth.

Yn union fel y mae arwyddion yn tywys pererinion ar hyd eu taith, mae Cristnogion yn deall bod Duw yn cynnig arwyddion ar gyfer ein bywydau. Er ei fod yn bod y tu hwnt i amser a lle, mae'n dal i weithio o'u mewn i'n harwain a'n cynnal, gan ymgymryd yn weithredol â manylion ein teithiau o ddydd i ddydd. Weithiau, bydd arwyddion Duw yn funudau amlwg, digamsyniol o eglurder fydd yn ein deffro i bosibiliadau newydd. Yn amlach, byddant yn dawel ac yn gynnil, fel y mae ei 'lef ddistaw fain' (1 Brenhinoedd 19:12, Beibl William Morgan) yn ein hatgoffa yn dyner. Nid yw arwydd ffordd i bererin yn fwy neu yn llai pwysig oherwydd ei faint neu ei amlygrwydd. Yn yr un modd, boed yn uchel neu yn isel, trwy ddeffroad sydyn, brawychus neu sylweddoliad tawel, graddol, mae llais Duw yn ystyrlon. Yr alwad sydd arnom ni yw i'n hagor ein hunain i'r munudau hyn yn torri i'n bywydau a bod yn agored i'r posibilrwydd fod Duw personol y tu ôl iddynt. Pan wnawn hynny, byddwn yn creu lle i fyfyrio ar eu hystyr, gan ganiatáu i'r cyffroadau dwyfol hyn lunio ein teithiau.

Mae'r seicotherapydd David Richo yn eu galw yn 'ffenomenau gras' ac yn eu disgrifio fel arwyddion sy'n deillio o rym a phresenoldeb y tu hwnt i ni. Felly, mae Duw yn ymestyn i'n bywydau mewn ffyrdd annisgwyl, boed trwy brofiadau o ddirnadaeth, emosiynau, breuddwydion, creadigrwydd a chyfarfod. Efallai mai'r ffordd fwyaf trawiadol y mae'n siarad yw trwy gyd-ddigwyddiadau ystyrlon. Gallai'r safbwynt materol bydol ddiystyru'r rhain fel digwyddiadau ar hap sydd yn ôl pob tebygolrwydd wedi codi'n anochel ac yn cael eu hystyried yn ddidaro fel 'lwc' neu 'siawns'. Mae Cristnogion, fodd bynnag, yn gweld bod rhywbeth dyfnach yn digwydd. Adegau yw'r rhain pan fydd ewyllys Duw yn croestorri i'n bywydau mewn ffyrdd annisgwyl. Trwy'r digwyddiadau hyn, mae'n cynnig cyfleoedd, arweiniad a rhybuddion.

Gweld arwyddion a rhyfeddodau

Mae adnabod datguddiad arferol ewyllys a phresenoldeb Duw yn ein bywydau bob dydd yn bell o fod yn ofergoeliaeth. Yn hytrach, mae ymdeimlad o Dduw fel cydymaith tyner, yn ein harwain a'n hysbrydoli, wedi'i wreiddio'n gadarn yn yr ysgrythur. Mae'r Duw beiblaidd yn Dduw agos, yn weithredol yn ein bywydau ac mewn hanes. Wedi'r cyfan, mae'r Beibl yn ein hatgoffa'n gyson o hyn, boed hynny yn gynnil neu yn amlwg. Mae ymadroddion fel 'llaw Duw', 'wyneb Duw', 'y fendith', 'y deyrnas' a 'chynllun Duw' yn ymddangos yn aml, gan bwysleisio ei gysylltiad parhaus. Yn fwy na hynny, mae'r Hen Destament a'r Testament Newydd fel ei gilydd yn cofnodi pobl yn ymateb i alwad Duw, gyda phosibiliadau newydd yn dod i'r golwg o'r sgwrs rhyngddynt. Mae'r proffwyd Eseia (30:21) yn cofnodi hyn yn berffaith: 'Pan fyddwch am droi i'r dde neu i'r chwith, fe glywch â'ch clustiau lais o'ch ôl yn dweud, "Dyma'r ffordd, rhodiwch ynddi." ' Hyd yn oed pan fydd cymeriadau beiblaidd yn crwydro neu'n gwneud dewisiadau gwael, mae Duw yn darparu llwybrau gwaredigol newydd. Mae Jona, er enghraifft, yn rhedeg oddi wrth alwad Duw, dim ond i gael ei ailgyfeirio yn ôl at ei genhadaeth, ac mae hyn yn pwysleisio dyfalbarhad, arweiniad a gras Duw.

Weithiau bydd ein meddylfryd bydol yn cael y cysyniad hwn yn un anodd i'w ddeall a'i dderbyn. Hyd yn oed o fewn cylchoedd diwinyddol Cristnogol, dechreuodd amheuaeth o'r cysyniad o ragluniaeth Duw dyfu o'r bedwaredd ganrif ar bymtheg ymlaen, nid yn lleiaf oherwydd cywilydd o drefedigaethu ac imperialaeth a briodolwyd gan lawer i law Duw. Ac eto, yn y blynyddoedd diweddar dychwelwyd yn raddol tuag at gadarnhau'r gwirionedd beiblaidd am Dduw sy'n gofalu, yn amddiffyn ac yn arwain. Mae'r symudiad hwn yn adlewyrchu awydd cynyddol i ddeall rhagluniaeth Duw nid fel arf awdurdod, ond fel ffynhonnell gobaith, arweiniad a thrugaredd mewn byd ansicr.

Mae rhybudd, fodd bynnag, yn ymateb y rhai oedd yn gwylio'r *semeia* ('arwyddion') yn efengyl Ioan ynglŷn â'n hagwedd ni ein hunain tuag at adegau o arweiniad a gras. Mae saith arwydd Ioan yn wyrthiau rhyfeddol a allai fod wedi tarddu o ddogfen arall, gynharach a adwaenid fel y 'ffynhonnell arwyddion'. Maent yn eithriadol o bwysig i awdur yr efengyl – maent yn dangos pwy mewn gwirionedd yw Iesu a'r hyn y mae'n ei ddatgelu i ni. Ac eto, dim ond pobl oedd â'u llygaid yn agored i sylwi ar ewyllys Duw yng nghanol cyffredinedd eu bywydau oedd yn llwyr sylweddoli arwyddocâd y munudau ysbrydol hyn. Roedd llawer o bobl yn poeni cymaint am ddiwallu eu newyn adeg porthi'r 5,000 fel eu bod wedi methu gweld rhyfeddod y wyrth honno, yn union fel yr oedd nifer yn y briodas yng Nghana, ble trodd Iesu'r dŵr yn win, yn rhy brysur yn eu mwynhau eu hunain i sylwi ar y wyrth honno. 'Heb ichwi *weld* arwyddion a rhyfeddodau, ni chredwch chwi byth,' meddai Iesu (Ioan 4:48, fy mhwyslais i). Mae felly angen bod yn hynod o ymwybodol a sylwgar er mwyn sylwi ar yr arwyddion sydd o'n cwmpas ym mhobman. Pan wnawn hynny, mae rhywbeth anghyffredin yn digwydd – mae ein teithiau tuag allan a thuag i mewn yn cydgyfeirio yn berffaith.

Felly, mae galwad arnom i agor ein llygaid, ein clustiau a'n calonnau er mwyn sylwi ar deyrnas Dduw a gweld ei ewyllys yn cael ei ddatgan yn gynnil ond yn llwyr. Ym merw a sŵn ein bywydau prysur, mae'n hawdd iawn diystyru'r cipolygon gwibiog hyn o'r nefoedd yn nigwyddiadau pob dydd. Fel y sylwodd y seicolegydd Carl Jung: 'Nid yw pobl gyfoes yn gweld Duw am nad ydynt yn edrych yn ddigon isel.' Er mwyn ei gyfarfod, rhaid i ni aros a thalu sylw, gan fyfyrio ar yr ystyr y tu ôl i sefyllfaoedd pob dydd ac arwyddocâd cyd-ddigwyddiadau, pa mor fychan bynnag yr ymddangosant. Wrth graidd ein taith Gristnogol y mae darganfod dyfnder ystyr ysbrydol wedi'i blethu i edafedd bywyd pob dydd. Cyffyrddir yr hyn sy'n ymddangos yn gyffredin â sancteiddrwydd, a daw pethau'r byd hwn yn rhan o gynllun cariadlon Duw.

Arwyddion pererindod

Byddai'r pererinion Canoloesol a gerddodd Daith y Pererin wedi defnyddio'r ymadrodd *unus mundus* ('un byd') i gyfeirio at undod sylwedd ac ysbryd sydd yn rhyngweithio yn barhaus. Yn ystod fy mhererindod i, dechreuais sylwi ar arwyddion fod undod yn ei amlygu'i hun, arwyddion oedd yn fy argyhoeddi o bresenoldeb Duw ar fy nhaith. Roedd goslef llais Duw weithiau yn dawel ac weithiau yn drawiadol. Datblygodd arwyddocâd dwfn i'r cyd-ddigwyddiadau a brofais ar fy nhaith. O'r herwydd, daeth fy mhererindod yn gyfres o 'winciau Duw', y munudau bach ond pwerus hynny pan fydd presenoldeb Duw yn ein calonogi a'n hysbrydoli, a hynny'n aml trwy ddirgelwch cyd-ddigwyddiad.

Tua hanner ffordd trwy fy nhaith 15 milltir ar ail ddiwrnod fy mhererindod, stopiais ym Mynachlog Pantasaph, mynachlog Ffransisaidd. Yno digwyddais daro ar gyn-fyfyriwr i mi nad oeddwn wedi ei weld ers blynyddoedd lawer. Tra oeddem yn eistedd a sgwrsio am y cyd-ddigwyddiad ein bod ein dau wedi ymweld â'r bwyty yr un diwrnod, tynnwyd fy llygaid at frawd oedrannus yn gwau yn dawel, a chwpanaid o de yn stemio wrth ei ochr. Yn chwilfrydig, trewais sgwrs â'r gweuwr myfyrgar hwn. Roedd yn rhadlon a dymunol ac, wrth i mi godi i adael, addawodd weddïo dros fy nhaith. Bu i ni gyfnewid enwau, ac fe'i cyflwynodd ei hun fel y Brawd Francis.

Sefais yn stond pan glywais yr enw. Dywedais wrtho, trwy gyd-ddigwyddiad, mai 'Brawd Francis' oedd wedi dylanwadu'n drwm ar fy nhaith ffydd pan oeddwn yn fy arddegau. Roeddwn unwaith wedi mynychu un o'i gyngherddau lle roedd yn chwarae caneuon crefyddol a seciwlar ar y gitâr a hyd yn oed yn perfformio comedi 'stand-up' yn llawn o ffydd. Taniodd y noson honno rywbeth ynof – awch am archwilio themâu crefyddol mewn cerddoriaeth seciwlar a gwerthfawrogiad dwfn o'r cysylltiad rhwng ffraethineb a ffydd. Roeddwn hyd yn oed wedi prynu tâp o'r cyngerdd, a chwaraewyd mor aml nes y bu iddo yn y pen draw wisgo'n dwll. Gwrandawai'r brawd yn astud, ac roedd ei lygaid yn pefrio. Yna pwysodd ymlaen ac meddai â gwên wybodus, 'Ŵr ifanc, fi yw'r union Frawd Francis hwnnw – neu fel yr arferent fy ngalw, y "brawd sy'n canu"!' Roeddwn wedi fy syfrdanu ac uwchben fy nigon. Roedd fel petai'r blynyddoedd wedi plygu yn eu holau gan roi i mi'r cyfle i ddiolch iddo am y dylanwad a gafodd ar fy mywyd. Ac a barnu oddi wrth ei ymateb twymgalon, gallwn ddweud bod gwybod bod ei waith wedi gwneud gwahaniaeth yn werth y byd iddo.

Ar adegau eraill yn ystod y bererindod, daeth y munudau hyn o gyd-ddigwyddiadau a chysylltiadau o ffynhonnell annisgwyl. Wrth i mi deithio ar draws Eryri, cyfarfûm â darganfyddwr metel brwd oedd yn f'atgoffa o gymeriad ar gomedi lwyddiannus y BBC *Detectorists*. Roedd yn gymeriad bywiog a siaradus, a disgrifiodd yn frwdfrydig ei hobi chwilio am drysor cyn gofyn i mi pam fy mod yn digwydd cerdded trwy gae y tu allan i Fangor. Cyn gynted ag y dechreuais egluro am fy mhererindod, yn sydyn roedd yn fwy brwdfrydig nag erioed. Eglurodd ei fod trwy gyd-ddigwyddiad wedi cael hyd i wrthrych tra arbennig yn y cae hwnnw ddim ond wythnos ynghynt. Tynnodd ei ffôn allan ar amrantiad a dangosodd lun i mi o grogdlws hynafol ar ffurf cragen fylchog, a ddefnyddid gan bererinion fel arwyddlun o'u taith ers cyn gynhared â'r Oesoedd Canol. Roedd y darganfyddwr hwn wedi cloddio crogdlws pererin canrifoedd oed, yn gyflawn â thwll ar y top lle byddid wedi rhoi llinyn trwodd fel y gellid gwisgo'r gragen o gwmpas y gwddf. Yn llawn cyffro, dangosais innau iddo yntau fy nghragen pererin fy hun, a roddwyd i mi gan fy mam wrth i mi gychwyn ar fy nhaith ac a gariais yn fy mhoced am y 140 milltir i gyd. Roedd yn syfrdanol meddwl bod pererin, yn union fel fi, wedi cerdded ar yr union gae hwnnw sawl canrif yn ôl ac wedi colli ei grogdlws cragen fylchog. Arweiniodd y cysylltiad hwn at drafodaeth ddofn am ddiwinyddiaeth a ffydd gyda'r heliwr trysorau. Gadewais y cae hwnnw yn teimlo'n gryf fod yr Ysbryd wedi ysbrydoli'r cyd-ddigwyddiad a hefyd y sgwrs a ddilynodd.

'Arwydd' arall ystyrlon yn ystod fy mhererindod, a gododd fy ysbryd ac a'm cysurodd yn ystod rhan neilltuol o anodd o'r daith, oedd cyd-ddigwyddiad hyd yn oed yn fwy trawiadol. Ar ôl cerdded am wythnos bron roeddwn yn flinedig, wedi ymlâdd ac yn colli fy nheulu oedd bedair awr o waith gyrru oddi wrthyf yng Nghaerdydd. Roeddwn wedi cerdded tua 15 milltir y diwrnod hwnnw, yn brwydro'n erbyn poen ddirdynnol yn fy mhen-glin ac yn cael fy atgyfnerthu yn bennaf gan resins sych a dŵr potel. Cerddais i mewn i eglwys Sant Martin yn Eglwysbach, y lle olaf am y diwrnod hwnnw, i gael y stamp ar fy mhasbort pererin. Wrth i mi fynd i mewn, fe'm syfrdanwyd wrth weld fy ngwraig a'm merch yn gwenu'n ôl arnaf. Ond nid rhithweledigaeth mohoni. Roeddent, yn wir, ar glawr blaen cylchgrawn. Roedd erthygl yn y cylchgrawn, oedd bron yn ddeg oed, am y cysur a'r nerth a dderbyniodd fy ngwraig gan Dduw trwy'r golled a'r galar yr oedd wedi'u hwynebu yn ei bywyd. Roedd y cyd-ddigwyddiad yn drawiadol – y cylchgrawn treuliedig hwn oedd yr unig un yn yr eglwys hon ac roedd yn cael ei arddangos mewn lle amlwg. Treuliais beth amser yn gweddïo dros fy nheulu ac es ymlaen ar fy nhaith, yn barod am 15 milltir arall drannoeth, wedi fy nghalonogi a'm hatgyfnerthu gan y foment ryfedd a gogoneddus hon o gyswllt.

Torri trwy'r ffrâm

Mae'r diwinydd Charles Taylor yn disgrifio fel yr ydym ni, yn yr unfed ganrif ar hugain, wedi ein caethiwo mewn 'ffrâm fewnfodol'. Mae fel petaem yn byw mewn darlun mewn oriel gelf, wedi ein hamgylchynu gan ffrâm drwchus, ansymudol. Ni all safbwynt cyffredinol y byd materol weld y tu draw na'r tu allan i'r ffrâm honno ac mae'n mynnu mai'r llun y tu mewn i'r ffrâm yw'r cyfan sy'n bodoli. Mae ffydd yn ein herio i weld y tu draw i'r ffin anhyblyg hon a sylwi ar y craciau yn y ffrâm sy'n awgrymu rhywbeth mwy. Daeth fy mhererindod yn daith o weld y tu draw i'r ffrâm lesteiriol honno.

Agorai byd newydd dieithr i mi gyda phob cam a gerddwn, byd yn gorlifo o ryfeddod, harddwch a hyfrydwch. Ochr yn ochr â'r bendithion dyddiol hyn, dechreuais brofi cyd-ddigwyddiadau annaearol, dyrchafol. Munudau oedd y rhain a deimlai fel fflachiadau o oleuni yn torri trwy'r craciau, gan ddatgelu cipolwg ar rywbeth llawer dyfnach na'r hyn a gynigid gan y llun o fewn y ffrâm. Roeddent yn cyfeirio at yr anarferol ac yn fy ngwahodd i gamu y tu draw i'r cyfyngiadau a chyfarfod y dwyfol mewn ffyrdd cadarnhaol ac ysbrydoledig.

YR AIL DAITH: TRWY ANAF A THYWYLLWCH

Cyd-ddigwyddiadau arwyddocaol

Ysgrifenna Charles Foster fod cyd-ddigwyddiadau'n digwydd pan fyddwch yn cerdded fel pererin ar hyd ffordd y deyrnas, lle mae pob cam yn weddi. Mewn munudau pan fydd y llwybr ar ei dywyllaf a'r ymdrech yn fwyaf cignoeth y bydd goleuni cysylltiadau rhyfedd a syfrdanol yn disgleirio yn fwyaf llachar. Mae dihoeni a gwrando, wedi'r cyfan, yn mynd law yn llaw. Pan fyddwn yn sychedig, pan fydd ein heneidiau yn dyheu am ystyr ac adnewyddiad, down yn fwy agored i gael ein disychedu a'n bodloni gan y dŵr bywiol na all neb ond Duw ei ddarparu.

Yn dilyn ychydig ddyddiau neilltuol o dywyll yn ystod fy adferiad, gorweddwn yn fy llofft mewn poen ddirdynnol. Dechreuodd fy meddwl ganolbwyntio ar pa mor llwm yr ymddangosai'r dyfodol. Roedd dagrau yn fy llygaid wrth i mi edrych allan ac yno, ar wifren y ffôn, yn syllu yn syth arnaf, roedd nico. Roedd sawl mis, os nad blynyddoedd, ers pan welais un o'r adar hardd hyn. Am funud, ciliodd fy mhryderon a chefais fy nghyfareddu gan yr ymwelydd nefolaidd hwn. Wrth iddo hedfan i ffwrdd, estynnais am fy iPad ac, am ryw reswm, fe'm hysgogwyd i chwilio ar google 'Beth yw ystyr gweld nico?' Fe'm hwynebwyd gan ddwsinau o beintiadau clasurol o Iesu yn gafael mewn nicos. Ymddengys fod cysylltiad maith rhwng ffydd a nicos. Credid hyd yn oed mai'r rheswm fod wyneb yr aderyn yn goch oedd am ei fod wedi ceisio tynnu coron ddrain Iesu oddi ar ei ben. Darllenais wedyn fod y nico wedi ei gysylltu ag iachâu Cristnogol ar hyd y blynyddoedd. Dyna lle roeddwn i, yn dihoeni yn gorfforol ac yn feddyliol, pan ymwelodd arwydd traddodiadol o iachâd â mi.

Mae'n debyg y byddai 'doethineb' gwyddonol cydnabyddedig yn diystyru'r achlysur hwn fel cyd-ddigwyddiad damweiniol. Byddai dehongliad ysbrydol o'r sefyllfa yn cael ei wawdio fel crafangu gorffwyll am obaith. Fodd bynnag, yn ei hunangofiant mae Jane Goodall yn cwestiynu'r duedd gyfoes tuag at edrych ar y byd fel lle o ffawd a thynged yn unig. Disgrifia fel y bu i ddau blentyn mewn gwahanol rannau o'r byd – ei mab mewn ysgol breswyl yn Lloegr a ffrind teuluol â syndrom Down yn Tanzania – gael breuddwydion llachar am ei gŵr yn marw yr union noson y bu i hynny ddigwydd. Honna ei bod yn llawer rhy hawdd i'r byd ddiystyru a bychanu'r profiadau hyn fel ymateb seicolegol neu freuddwydion oedd yn gyd-ddigwyddiad. Daw i'r casgliad efallai nad oes gan wyddoniaeth yn syml mo'r offer priodol i ddadansoddi'r ysbryd. Mae'n sicr yn wir y gall cyd-ddigwyddiadau ystyrlon ein cyflwyno i fyd sydd y tu hwnt i wyddonyddiaeth resymegol, ond ni ddylai hynny olygu ein bod yn edrych ar gredoau o'r fath fel rhai gwrth-wyddonol neu anwyddonol. Yn wir, cynhaliwyd gwaith ymchwil gwyddonol dadlennol ar gyd-ddigwyddiadau ystyrlon.

Y gwyddonydd mwyaf adnabyddus i gefnogi a datblygu syniadau o'r fath oedd y seiciatrydd Carl Jung, a welodd arwyddocâd dwfn mewn cyd-ddigwyddiadau yr ystyriai ef eu bod y tu hwnt i debygolrwydd siawns. Disgrifodd ddigwyddiadau cydamserol o'r fath fel 'gweithredoedd o greu mewn amser' sydd yn bod trwy'r adeg i'r rhai sydd a chanddynt lygaid i weld. Daw bywydau ei gleifion yn chwarel ddofn iddo'i chloddio yn ei ymchwil am dystiolaeth gydamserol. Mae ganddo ddisgrifiad adnabyddus o ferch ifanc a wrthwynebai'r driniaeth a gynigid ganddo iddi nes cafodd hi freuddwyd am chwilen dom euraidd. Tra oedd hi'n dweud wrth Jung am y freuddwyd, clywsant sŵn curo ysgafn ar ffenestr y swyddfa. Agorodd Jung y ffenestr a hedfanodd chwilen dom i mewn i'r ystafell. Ysgrifenna Jung fod y cyd-ddigwyddiad hwn wedi arwain at newid llwyr yn agwedd y claf a'i gwneud yn agored i ddimensiwn ysbrydol bywyd.

Yn ystod fy nhaith tuag at adferiad iechyd, daeth ymweliad syml gan nico yn foment chwilen dom i mi. Mewn cyfnod o drybestod mawr, daeth ei bresenoldeb â synnwyr dwfn o gysur a gobaith i mi. Roedd hyd yn oed yn dal i roi maeth ysbrydol i mi flynyddoedd yn ddiweddarach. Rwyf wedi rhannu'r stori hon yn aml yn fy sgyrsiau a'm gweithiau ysgrifenedig ac, er syndod i mi, mae wedi ysbrydoli eraill ar eu teithiau ysbrydol hwythau. Rwyf hyd yn oed wedi derbyn negeseuon gan bobl a gyffyrddwyd gan y stori, ac mae rhai ohonynt wedi rhannu eu cyfarfodydd ystyrlon hwythau â nicos, pob un ohonynt yn ein hatgoffa o'r dirgel ffyrdd y mae presenoldeb Duw yn calonogi ac yn ysbrydoli.

Gwyddoniaeth arwyddion

Nid oedd Jung ar ei ben ei hun o bell ffordd ymhlith meddylwyr mawr oedd yn hyrwyddo'r posibilrwydd fod grym dirgel ar waith yn ein bywydau o ddydd i ddydd ac yn rhoi trefn ar yr anhrefn ymddangosiadol o'n cwmpas. Mae athronwyr fel Hegel, Schopenhauer a Von Schiller a gwyddonwyr fel y biolegydd enwog Paul Kammerer wedi haeru bod dolenni o amgylchiadau yn cael eu cysylltu mewn ffyrdd dwfn. Ysbrydolwyd ffordd Jung o feddwl yn ddiweddarach gan fecaneg cwantwm a welodd fel tystiolaeth nad oedd y bydysawd yn ymddwyn ac yn ymateb fel peiriant. Disgrifiodd Wolfgang Pauli, y ffisegydd cwantwm a enillodd Wobr Nobel ac a gydweithiodd yn agos gyda Jung, 'olion gweladwy o egwyddorion na ellir eu holrhain' wrth gyfeirio at ddigwyddiadau gwahanol sydd yn perthyn i'w gilydd er nad oes cysylltiad achos-ac-effaith uniongyrchol rhyngddynt. Felly, gallai Jung gyfeirio at 'egwyddorion yn cysylltu heb reswm' wrth adnabod cysylltiadau trwy ystyr, yn hytrach na thrwy achos ac effaith.

Yn sicr, bu adegau yn ystod yr ugeinfed ganrif pan oedd y berthynas rhwng gwyddoniaeth prif lif ac ysbrydolrwydd yn agos. Ysgrifennodd hyd yn oed Einstein mai 'ffordd Duw o aros yn anhysbys yw cyd-ddigwyddiadau'. Erbyn diwedd y ganrif, fodd bynnag, roedd y bwlch rhwng gwyddoniaeth a ffydd wedi lledu. Tra oeddwn yn gweithio fel arweinydd tîm o gaplaniaid ysbyty rhyng-grefyddol rai blynyddoedd yn ôl, byddwn yn gweinyddu mewn gwasanaethau blynyddol yn y labordy lle roedd myfyrwyr meddygol y flwyddyn gyntaf yn dadelfennu gweddillion pobl oedd wedi rhoi eu cyrff ar gyfer gwyddoniaeth. Ar ôl nifer o flynyddoedd o wasanaethau hynod deimladwy a werthfawrogid yn fawr, penodwyd athro newydd a gyhoeddodd y byddai elfen ysbrydol y gwasanaeth hwn yn dod i ben, gan gynnwys fy rhan i yn y gwasanaeth. Mae hyn yn adlewyrchu agwedd gyffredinol elfen benodol o'r gymuned wyddonol tuag at bopeth 'ysbrydol'.

Er hynny, mae'n dal i fod ganghennau o wyddoniaeth a all ein helpu i ddeall cyd-ddigwyddiadau arwyddocaol. Mae gwyddor systemau, er enghraifft, yn haeru bod y macro a'r micro yn perthyn yn agos, sef 'mae'r cyfan yn y bach' ac 'mae'r bach yn y cyfan'. Felly, os yw Cristnogion o'r farn fod Duw yn bresennol yn y system macro (y bydysawd), yna gellir cadarnhau ei berthynas â'r system micro (ein bywydau personol). Fel y dywed y seiciatrydd Gary E. Schwartz, mae gwyddor systemau yn agor y drws i gredu mewn grym sydd yn arwain, yn trefnu ac yn cynllunio, sef 'Guiding. Organising. Designing. (G.O.D.)'.

Mae diwinyddiaeth gyfoes wedi ymgysylltu'n llwyddiannus â chysyniadau o'r fath. Mae'r agwedd ddiwinyddol o 'dduwiaeth agored', yn enwedig, wedi meithrin sgwrs rhwng y traddodiad beiblaidd a datblygiadau gwyddonol ac athronyddol diweddar. Trwy wneud hynny, mae wedi cael rhywfaint o afael ar y ffordd y gallai arwyddion ac arweiniad Duw weithio yn ymarferol. Mae theistiaid agored yn haeru bod ein dyfodol yn dal i fod, mewn rhyw ffordd, heb ei benderfynu. Nid yw dweud bod Duw yn hollwybodus felly yn golygu ei fod yn penderfynu canlyniad ein dewisiadau. Yn hytrach, mae'n cyfeirio at bosibiliadau diderfyn ein dyfodol ac mae'n caniatáu i ni ddewis sut yr ydym yn byw y dewisiadau hynny. Felly, gallwn ddal i gadarnhau bod gwybodaeth Duw yn berffaith. 'Mae Duw yn gwybod beth yw'r dyfodol yn union fel y mae,' ysgrifenna'r diwinydd Richard Rice, 'yn rhannol bendant ac yn rhannol amhendant.'

Mae'r cysyniad hwn yn caniatáu i ni goleddu'r syniad fod llwybrau dirifedi yn cael eu cynnig i ni ym mhob dewis ac ym mhob penderfyniad. Er bod Duw yn ein hannog a'n tywys tuag at y llwybr mwyaf cariadlon a thrugarog, mae'r rhyddid gennym i wrthod neu anwybyddu ei arweiniad. Wedi'r cyfan, ni ellir gorfodi cariad, ond rhaid cael rhyddid i'w ddewis. Fodd bynnag, pe byddem yn gwrthod y llwybr mwyaf cariadlon trwy weithred neu benderfyniad penodol, yn fuan bydd gennym ar ôl gyfres ddirifedi o lwybrau eraill. Bydd Duw y tro hwn eto yn dymuno ein bod yn dewis y llwybr mwyaf cariadlon yn y gyfres newydd hon o ddewisiadau, ac yn y blaen.

Yn y bedwaredd cyfrol o gyfres Narnia C.S. Lewis, *Prince Caspian*, mae Lucy yn sylwi ar yr arwyddion y mae Aslan yn eu rhoi er mwyn arwain ei grŵp ar eu taith i drechu'r Brenin Miraz drwg. Mae gweddill ei grŵp, fodd bynnag, yn gwrthod credu ei bod yn cael ei harwain, ac felly maent yn ei hanwybyddu ac yn dewis llwybr arall. Er hynny, mae Aslan yn parhau i ymddangos i Lucy ac yn raddol yn cyflawni ei fwriadau. Yn yr un modd, yn ein bywydau ni, mae Duw yn bresennol, yn llifo trwy bopeth, yn ein harwain ac yn cyflwyno i ni bosibiliadau newydd er mwyn byw ei gariad ef. Cyn gynted ag yr ydym yn derbyn neu wrthod llwybr penodol, mae Duw yn sicrhau bod llwybrau eraill yn cael eu datgelu. Wrth drafod rhagluniaeth Duw, mae'r diwinyddion Logan Williams a Haley Goranson Jacob wedi awgrymu dealltwriaeth newydd o osodiad yr apostol Paul a ddyfynnir yn aml 'fod Duw, ym mhob peth, yn gweithio er daioni gyda'r rhai sy'n ei garu' (Rhufeiniaid 8:28). Maent yn honni y byddai 'Mae Duw yn cydweithio popeth er daioni gyda'r rhai sy'n caru Duw' yn gyfieithiad agosach i'r Groeg gwreiddiol. Mewn geiriau eraill, trwy ei arwyddion, mae Duw yn ein tywys a'n harwain i amgyffred amgylchiadau yn unol â'i ewyllys cariadlon ef.

AR EIN TEITHIAU

Y ddawns ryfeddol

Gall y cysyniad o Dduw sydd yn gwybod pob manylyn o'n bywydau wneud i ni deimlo ein bod yn cael ein caethiwo ac yn colli rheolaeth, yn enwedig i'r rhai sy'n profi'r trawma o deimlo'n edifar am yr hyn a wnaethant neu na wnaethant. Ond mae derbyn y ffordd hon o edrych ar hollwybodolrwydd Duw yn cynnig rhyddhad. Yn ystod fy nhaith adferiad, treuliais fisoedd lawer mewn gwewyr meddwl, yn gofyn pam na fu i Dduw fy amddiffyn rhag fy anaf trwy fy rhwystro rhag mynd ar fy mhererindod yng Ngogledd Cymru. Caniataodd yr uniaethu â'r cysyniad newydd hwn o arweiniad Duw i mi ymwrthod â'r 'beth petai' a'm cadwai yn gaeth. Pa mor bell bynnag y crwydrwn oddi ar lwybr ein pererindod, daw rhyddid wrth sylweddoli mai dewis y llwybr nesaf yw'r unig un sydd o bwys yn awr.

Tra oeddwn yn hyfforddi ar gyfer y weinidogaeth yn Rhydychen, bûm yn dysgu Ceroc, math o jeif cyfoes, er mwyn ychwanegu at fy incwm. Roedd yn arbennig o ddeniadol oherwydd fod cymaint o ryddid o fewn y strwythur sylfaenol. Nid oedd, er enghraifft, gamau dawns ffurfiol na chymhleth i'w dysgu. Yn lle hynny, mae cyfres o symudiadau ar gyfer hanner uchaf y corff, tra bo'r hanner isaf yn rhydd i arbrofi yn fyrfyfyr. Mae sylwi ar adegau cydamserol yn ein bywydau ac ymateb iddynt fel bod yn rhan o ddawns Ceroc ryfeddol bywyd. Yn y pen draw, mae Duw yn cadw rheolaeth ar adeiladwaith sefydlog y byd hwn ac mae ei arwyddion yn cyfeirio at ei ddyheadau ar gyfer ein bywydau. Ond mae'n caniatáu'r annibyniaeth a'r rhyddid i ni arbrofi o fewn y strwythur hwnnw ac i ddewis y symudiadau a wnawn a'r llwybrau a gymerwn.

Nid yw Duw, felly, yn rheoli trwy orfodaeth. Nid yw yn penderfynu popeth trwy orfodi ei ewyllys yn unochrog. Yn hytrach, mae'n cyfranogi yn ein bywydau, neu, fel y dywed llyfr y Diarhebion: 'Efe a hyfforddia dy lwybrau' (3:6; Beibl William Morgan). Felly, mae ar waith trwy'r amser – yn gwahodd, cymell, ysbrydoli, annog, gwthio, awgrymu a pherswadio. Trwy wneud hynny, mae'n tynnu sylw at y posibiliadau gorau ym mhob sefyllfa. Weithiau mae'n gwneud hyn yn ddramatig mewn profiadau ysbrydol dwfn, fel Moses a'r berth yn llosgi neu Saul ar y ffordd i Ddamascus. Y rhan fwyaf o'r amser, fodd bynnag, mae ei alwad yn dawel a thaer a datgelir ei arwyddion trwy ddigwyddiadau sy'n ymddangos yn arferol a chyffredin. Fel y dywed Bruce G. Epperly: 'Prin y bydd Duw yn cyhoeddi presenoldeb Duw.'

Boed hynny yn gynnil neu yn amlwg, mae Duw yn cyfeirio ein llwybrau ac yn ein hannog i sylweddoli ei fod ef yn sefyll wrth ein hochr. Mae Squire Rushnell yn awgrymu'r ymadrodd 'GPS' i ddisgrifio arweiniad Duw wrth awgrymu llwybrau penodol – 'God's Positioning System'. Felly, mae'r cysyniad o 'berson ymddyrchafedig' a'r gogoneddu diweddar ar 'fod yn chi eich hun' yn broblem i Gristnogion. Roedd hyd yn oed Kierkegaard, tad dirfodaeth, mudiad a ganolai ar benderfynu ein datblygiad ein hunain trwy ein gweithredoedd, yn haeru nad ydym yn y pen draw yn ein creu ein hunain. Yn hytrach, awgrymodd ein bod yn ymateb, boed hynny yn gadarnhaol neu yn negyddol, i anogaeth ac arweiniad Duw. Ac felly, er y gallwn dyfu ac aeddfedu trwy ddigwyddiadau, amgylchiadau a pherthynas â'n gilydd, mae Duw wedi ei blethu trwy edafedd ein bywydau, yn cynnig posibiliadau creadigol sydd yn hyrwyddo cariad a ffyniant.

Ystyr a threfn

Ym mha ffurf bynnag y maent yn ymddangos ar ein teithiau, fe'n gwahoddir i'n hagor ein hunain i adnabod y nicos sydd o'n cwmpas ym mhobman. Fel plentyn yn gwneud pos dot-i-ddot, rydym yn cysylltu ac yn dehongli'r arwyddion hyn yng ngoleuni ystyr. Er mwyn i ni fedru bod yn ymwybodol o olion bysedd Duw yn ein bywydau, mae angen i ni weithredu er mwyn tawelu'r amherseinedd sydd o'n cwmpas. Pan fyddwn yn wynebu dioddefaint neu bwysau'r byd, mae'n hawdd methu clywed y llais sy'n annog ac yn arwain yn gynnil. Ni ellir gorbwysleisio lle canolog gweddi a myfyrdod yn ein teithiau. Mae'r diwinydd Richard Foster yn gweld perthynas rhwng darganfod arwyddion Duw yn ein bywydau a meithrin cyfeillgarwch dwfn ag ef. Fel mewn unrhyw gyfeillgarwch ystyrlon, mae angen sylwgarwch, amynedd a pharodrwydd i wrando.

Pan orweddwn gartref yn ystod fy adferiad, yn dioddef ac wedi fy ngwahanu oddi wrth fywyd arferol, roedd gweddïo yn anodd ar y dechrau. Yn araf ond yn sicr, fodd bynnag, dechreuais agor fy nghalon i'r adegau hynny o gydamseredd er gwaethaf, a thrwy, fy mhoen. Daeth yr emyn Cymraeg *'Arglwydd, arwain trwy'r anialwch'* trwy fy nghlustffonau yn anthem ddyrchafol yn fy munudau tywyll. Wrth i ni gerdded fel pererinion trwy'r anialwch, gall Cristnogion adnabod arweiniad Duw a chlywed ei lais. Ac felly, yn fy mhoen a'm hanobaith, nid oedd cwestiynau fel a oedd Duw wedi *anfon* y nico hwnnw neu a oedd wedi fy *annog* i chwilio am ystyr enw yr aderyn bach hwn mor bwysig â'r ffaith ei fod wedi *siarad* â mi *trwy'r* eicon hwn o iachâd a gobaith. Daeth y nico yn arwydd o'r deyrnas yng nghanol fy nigalondid, ffynhonnell gobaith ar adeg pan na allwn deimlo dim ond anobaith a ffagl o oleuni pan oeddwn yn wynebu cymaint o dywyllwch.

Wrth gydnabod 'arwyddion' trosgynnol o'r fath, rydym yn herio safbwynt mwyaf cyffredin y byd ein bod yn fodau dinod mewn bydysawd mympwyol a diamcan. Trwy wneud hynny, cawn ein sicrhau bod ein bywydau, er gwaethaf terfysg ein teithiau, yn gyforiog o ystyr ac y gellir canfod trefn yn anhrefn ein poen. Mae sylweddoli bod llaw ofalgar, garedig ar waith yn ein bywydau yn ein codi ac yn rhoi i ni bwrpas a gwydnwch. Mae ymchwil yng Nghanada gan y seicolegydd Stephen Hladkyj wedi dangos bod y rhai sy'n adnabod arwyddion o ystyr mewn digwyddiadau bob dydd yn sgorio'n uwch yn eu hiechyd seicolegol ac yn addasu'n well i fod dan straen. Datblyga'r bobl hyn synnwyr cryfach o les a chryfder mewnol o ganlyniad i edrych ar y byd fel lle trefnus, cyfeillgar ac ymatebol.

Peryglon dirnadaeth

Er hynny, dylid bod yn ofalus iawn wrth sylwi ar arwyddion Duw a'u dehongli yn ein bywydau. Rhaid i ni fod yn arbennig o ofalus rhag tadogi cysylltiadau a phatrymau nad ydynt yn bod rhwng achlysuron a digwyddiadau, arfer y cyfeirir ato fel '*apophenia*' gan seicolegwyr. Dylid cael dirnadaeth ddeallus a doeth wrth wraidd ein taith. Wedi'r cyfan, nid hud a lledrith yw cydamseredd ac ni ddylem ddehongli amlder digwyddiadau er mwyn cadarnhau ein rhagfarnau, ein hanghenion neu ein dyheadau ein hunain. Dylai ein dirnadaeth gynnwys derbyn nad yw pob digwyddiad digyswllt yn arwyddocaol. Weithiau, efallai nad ydynt mor ddigyswllt nac yn gyd-ddigwyddiad o gwbl.

Un tro, cysylltodd plwyfolyn gofidus â mi am ei bod yn credu bod grymoedd tywyll, drwg yn ei thargedu. Ymwelais â hi gyda swyddog gwaredigaeth yr esgobaeth i gynnig gofal bugeiliol a gweddi. Yn ein sgwrs â hi, daeth yn amlwg yn fuan fod yr ymosodiad ysbrydol honedig yn dod trwy awgrymiadau gan Google ac YouTube, a oedd yn ôl yr hyn a gredai hi yn gymaint o gyd-ddigwyddiad fel bod yn rhaid bod rhyw ystyr ynddynt. Y gwir yw, wrth gwrs, ei bod yn llawer mwy tebygol mai algorithmau ar-lein oedd yn gyfrifol am yr awgrymiadau, yn hytrach na grymoedd dieflig. Pan fyddwn yn dioddef ac yn ofidus, gallwn ein cael ein hunain yn aml yn gwneud cysylltiadau gwyrdröedig ac anghywir o'r fath.

Yn wir, mae seicolegwyr yn gweld cysylltiad rhwng y duedd mewn pobl i ganfod patrwm rhithiol, pan fyddwn yn camddehongli ystyr ym mhob manylyn lleiaf o'n bywydau, a'r cynnydd aruthrol mewn damcaniaethau cynllwynio yn ystod y blynyddoedd diweddar. Plethir ynghyd gyd-ddigwyddiadau mewn achlysuron a thrychinebau sy'n newid y byd gan ddod i gasgliadau annhebygol. Cysylltir erchyllterau terfysgol, newid yn yr hinsawdd, yr Undeb Ewropeaidd, clefydau pandemig, cyfnodau clo, brechiadau a llofruddiaethau ar gam â grwpiau fel yr 'illuminati', 'Seioniaid', 'comiwnyddion' neu 'elite' cyfalafol amheus. Credir bod y rhain yn gweithio yn guddiedig yng nghoridorau cyfrinachol grym, gan weithredu cynlluniau ysgeler. Mae angen i Gristnogion yn enwedig eu hamddiffyn eu hunain rhag damcaniaethu mor ddi-fudd ac anghyfrifol. Canfu ymchwilwyr yn y Deyrnas Unedig fod pobl sydd yn eu diffinio eu hunain yn bendant yn 'ysbrydol' yn fwy agored i ddamcaniaethau cynllwynio, megis y rhai o gwmpas y brechlyn Covid. Mae seicolegwyr wedi galw'r duedd beryglus hon yn '*conspirituality*'. Mewn gwirionedd, weithiau nid oes ystyron dyfnach i achlysuron a digwyddiadau ar hap. Trwy groesawu cynllwynion di-sail rydym nid yn unig yn anwybyddu cymhlethdod byd Duw, ond gall fod yn beryglus a thynnu oddi wrth ein hymrwymiad bywhaol â phresenoldeb Duw. Ni allwn ganiatáu i'n cred mewn Duw personol ein harwain i ddehongli ystyron anarferol a llurguniedig i ddigwyddiadau, achosion a phrofiadau.

Mae'r galw arnom i ddirnad, felly, yn gofyn am hunanymwybyddiaeth ac eglurder meddwl. 'Gyfeillion annwyl,' ysgrifenna Ioan yn ei epistol, 'peidiwch â chredu pob ysbryd, ond profwch yr ysbrydion i gael gwybod a ydynt o Dduw, oherwydd y mae gau broffwydi lawer wedi mynd allan i'r byd' (1 Ioan 4:1). Yn bwysicaf oll, mae angen profi a barnu arwyddion â'r unig faromedr sy'n cyfrif – cariad Duw. Felly, rydym yn cadarnhau'r adegau hynny sy'n ymwneud â chariad Duw tra ydym yn chwynnu'r rhai a allai arwain tuag at ragfarn, dinistr neu gasineb. Trwy wneud hynny, down i sylweddoli bod llais Duw yn gyson â thystiolaeth feiblaidd a thraddodiad Cristnogol. 'Yn reddfol,' ysgrifenna Richard Foster, 'down i adnabod ansawdd llais Duw, oherwydd mae yn denu ac yn annog... mae'n llawn gras a thrugaredd.'

Ac nid ffordd cariad, wrth gwrs, yw'r daith hawdd na'r llwybr personol mwyaf dyrchafol bob amser. Ble bynnag y bydd yr arwydd yn cyfeirio, a pha mor anodd bynnag y daith fydd yn dilyn, bydd bob amser yn unol â'i fwriadau cariadlon ef ac yn gyson â'i natur gariadlon. Mae cyd-ddigwyddiad a chydamseredd yn rhoddion i ni er mwyn sicrhau ein bod yn cerdded yn ffyddlon ar lwybr cariad.

Munudau nico

Canolbwynt y ffilm o 2019 *The Goldfinch*, sydd wedi'i seilio ar y nofel gan Donna Tartt, yw cyd-ddigwyddiadau niferus ym mywyd y cymeriad canolog, Theo. Ar ddiwedd y ffilm, mae ei ffrind Boris yn eistedd gydag ef mewn bar wedi iddo ei achub rhag ceisio cyflawni hunanladdiad. Mae'n rhestru'r digwyddiadau cydamserol, gan gynnwys goroesiad annhebygol Theo mewn ymosodiad terfysgol pan oedd yn blentyn, sydd wedi arwain yn y pen draw tuag at gytgord a threfn ac at ddychwelyd nifer o gampweithiau oedd wedi cael eu dwyn, yn cynnwys *The Goldfinch* gan Carel Fabritius. Daw Boris i'r casgliad:

> Efallai y gall da ddod o ddrwg. Os na fyddet ti, os na fyddwn i, efallai na fyddai'r un o'r lluniau hyn wedi dod i'r golwg. Efallai ei fod yn debyg i gyfundrefn dywydd anferth yn treiglo drosodd a ninnau yn cael ein chwythu, ac efallai mai ffawd ydyw, neu... pam enwi? Dim ond... bywyd.

Ni all Cristnogion ddiystyru munudau fel fy nghyd-ddigwyddiad nico i yn syml fel dim ond tynged neu 'fywyd'. Wedi'r cyfan, mae'r arwyddion a adnabyddwn yn ein bywydau yn perthyn i union fodolaeth Duw. Maent wedi'u gwreiddio yn ei gariad dwyfol, sydd wedi'i gysylltu'n agos â'r byd. Maent felly naill ai yn ein sicrhau o'i ofal amdanom a'i ras tuag atom neu yn ein hysbrydoli i gyfranogi a chydweithredu yn ei gariad diderfyn trwy ein gweithredoedd ein hunain o gyfiawnder a thrugaredd. O'r herwydd, mae ein hymateb yn ffurfio ein teithiau ac yn dod â ni yn nes at, neu yn bellach oddi wrth y deyrnas o gariad, trugaredd a chyfiawnder y mae Duw yn ei dymuno ar gyfer ei fyd. Fel y dywed Bruce G. Epperly: 'Mae Duw bob amser yn greadigol ac mae creadigedd Duw yn ysbrydoli ein hymdrechion creadigol ninnau i ddod â daioni a harddwch i'r byd.'

Dim ond pan fyddwn yn ymroi yn ymwybodol i adnabod Ysbryd Duw yn ein munudau cydamserol y gallwn ddiosg ein hesgidiau ac eistedd wrth y berth yn llosgi. Wrth i ni sylwi ar fwy o'r arwyddion hyn o'r Ysbryd, awgryma Jung ein bod yn dechrau ar broses o sylweddoli ein potensial ysbrydol a darganfod ein gwir hunaniaeth. Mae'n galw hyn yn ymunigoli ac yn awgrymu ei fod yn mynd â ni i ffwrdd oddi wrth hunanganologrwydd a thuag at gyfanrwydd mewnol. Mae'r arwyddion hyn felly yn dod yn 'funudau *kairos*'.

Defnyddiai'r hen Roegiaid y gair *kairos* i gyfeirio at 'amser' sefydlog neu benodedig, tra oedd *chronos* yn gyfeiriad mwy cronolegol neu unionlin at 'amser'. Yn ddiddorol, roeddent yn personoli *kairos* fel duw ffawd a chyd-ddigwyddiad. Yn y Testament Newydd, mae'r defnydd o *kairos* yn arwyddocaol gan ei fod yn cyfeirio at amser dewisedig Duw, wedi'i bennu ganddo a'i ddefnyddio ar gyfer ei ddibenion ef. Felly mae ein harwyddion ystyrlon yn funudau *kairos* a roddir fel cyfleoedd ar gyfer gweddnewidiad a chynnydd ysbrydol, yn ogystal ag ar gyfer trugaredd a chyswllt ag eraill.

Wrth i mi wella o'm hanaf, cyflyrais fy hun i sylwi ar yr arwyddion *kairos* hyn. Trwy wneud hynny, fe'm hatgyfnerthwyd gan y syniad fy mod, a defnyddio termau Hans Urs von Balthasar, yn awr ynghlwm mewn theodrama, lle mae bywyd ynglŷn ag adnabod teyrnas Dduw yn torri drwodd, yn hytrach nag yn fy egodrama fy hun, lle rwyf i fy hun yn ganolbwynt bywyd. Daeth yr arwyddion hyn yn fflachiadau o oleuni yn nhywyllwch fy nhrafferthion. Trwy ein hagor ein hunain i oleuni Duw hyd yn oed yn y manylion bach sy'n ymddangos yn ddiarwyddocâd yn ein bywydau bob dydd, gellir goleuo llwybr cariad a gweddnewid ein teithiau. Gall adnabod arwyddion o'r fath gyfoethogi ein bywydau mewn ffyrdd sydd y tu hwnt i'n deall. Gallant ein calonogi, ein cysuro, ein hysbrydoli a'n herio. Gallant roi heddwch mewnol i ni. Gallant gynnig gobaith i ni.

AMSER I FYFYRIO

- Meddyliwch am y 'munudau nico' yr ydych wedi eu profi yn eich bywyd eich hun, yr adegau hynny pan fydd Duw yn torri trwy'r cyffredin yn annisgwyl â chydamseredd, eglurder neu ras.

- Wrth i chi fyfyrio ar eich teithiau, sut y gallech chi dawelu sŵn bywyd bob dydd er mwyn sylwi ar fwy o'r cipolygon hyn ar deyrnas Dduw yn disgleirio trwodd?

4

Cwmni

Un diwrnod, o'r diwedd, baglais allan o goedwig dywyll fy ngorffennol fy hun a gorffennol fy nheulu a'm gwlad, gan ddal y gwirioneddau hyn yn fy nwylo. Bod cariad yn tyfu o faddeuant, bod adnewyddiad yn dod o ddifrod, a bod tystiolaeth Duw yn bodoli yn ein cysylltiadau â'n gilydd. Rwyf wedi gweithio hyn, o leiaf, allan. Gwn fod cymaint â hyn yn wir.

Dominick Birdsey (a chwaraewyd gan Mark Ruffalo) yn y gyfres deledu o 2020 *I Know This Much Is True*

Rhannu poen yw'r peth anoddaf, ond ymddengys ei fod hefyd yr unig beth sy'n gwneud bywyd yn oddefadwy.

Kenneth Turan, adolygydd ffilm

Y DAITH GYNTAF: TAITH Y PERERIN

Cymdeithion pererin

Am lawer blwyddyn edrychwn ar bererinod fel rhywbeth arwrol ac unigolyddol. Pan oeddwn yn cynllunio fy mhererindod yng Ngogledd Cymru, gwelwn fy hun fel teithiwr unig, tebyg i'r cerddwr yn y darlun enwog gan y rhamantydd Almaenig Caspar David Friedrich, yn syllu i lawr ar ryfeddod y greadigaeth o gopa mynydd. Byddai'r ddelwedd hon wedi canu cloch i'r pererinion Cristnogol cynharaf, gan y credid bod rhinwedd ysbrydol sylweddol mewn teithio ar eich pen eich hun. Ni fu'n hir, fodd bynnag, cyn i ymarferoldeb ennill y dydd. Sylweddolodd pererinion yn fuan fod teithio gyda chymdeithion yn llawer mwy diogel, yn enwedig wrth dramwyo llwybrau peryglus a gwylliaid ar bob tu. Y dyddiau hyn nid yn gymaint peryglon corfforol pererindod sydd yn ein hargyhoeddi o bwysigrwydd cwmnïaeth, ond yn hytrach gwerth angerddol rhannu profiadau a chwmni cyfeillion ar y daith. Mewn hen ddihareb o'r dwyrain, mae disgybl yn gofyn:

'Beth sydd bwysicaf – y daith ynteu'r gyrchfan?' Ateb syml yr athro yw: 'Y cwmni.'

Er fy mod wedi teithio sawl rhan o Daith y Pererin ar fy mhen fy hun, yr adegau mwyaf cofiadwy a thwymgalon o'r bererindod oedd yr amseroedd a dreuliais yng nghwmni pobl eraill – ffrindiau a theulu a gerddodd gyda mi, cyd-deithwyr a ddaeth yn gymdeithion, a hyd yn oed dieithriaid pan ddigwyddodd ein llwybrau groesi yn ystod y daith. Llwyddodd y chwerthin, y sgyrsiau mynwesol, problemau a rannwyd a thrafodaethau trylwyr i weddnewid y daith yn llwyr. Mae'r gwaith llenyddol mwyaf adnabyddus sy'n ymwneud â phererindod, *The Canterbury Tales*, yn pwysleisio pwysigrwydd cwmnïaeth. Mae campwaith Chaucer yn trafod nifer o bererinion yn cael eu diddori a'u calonogi gan eu cwmni a'u straeon ei gilydd wrth iddynt gyd-deithio tuag at fedd Sant Thomas Becket yn Eglwys Gadeiriol Caergaint. Cyfeirir at bwysigrwydd rhannu'r daith yn y prolog i'r gwaith:

And wel I woot, as ye goon by the weye,
Ye shapen yow to talen and to pleye;
For trewely, confort ne myrthe is noon
To ride by the weye doumb as a stoon.

A gwn yn dda, wrth i chi fynd ar eich taith,
Y byddwch yn dweud straeon ac yn chwarae;
Oherwydd yn wir, nid oes cysur na llawenydd
Os ydych yn teithio mor dawel â charreg.

Mae'r cymeriadau yn epig Chaucer yn dod o wahanol gefndiroedd a statws cymdeithasol. Yn yr Oesoedd Canol, byddai pobl o amryfal gefndiroedd yn teithio gyda'i gilydd ac yn mwynhau cwmni'i gilydd. Gan gefnu ar eu bywydau blaenorol a'u hanwyliaid, byddent yn dod yn rhan o rywbeth hollol newydd – cwmni o bererinion – wedi eu ffurfio a'u hybu trwy siarad a rhannu. Wedi'r cyfan, heb sgwrsio, ni fyddai straeon yn *The Canterbury Tales*. Yn yr un modd mewn teithiau eraill mewn llenyddiaeth, megis 'pererindod' gwbl wahanol Frodo a Sam yn *The Lord of the Rings* gan J. R. R. Tolkien, prif fendith teithiau sydd yn aml yn flinderus yw'r teithwyr yn syml yn mwynhau cwmni ei gilydd – yn cysuro, yn annog, yn chwerthin ac yn canu.

Datgelu Duw mewn pobl

Yn sicr, cyfoethogir y profiad o gerdded pan fydd rhywun yn cydgerdded â ni. Mae rhyngweithio cymdeithasol yn ein newid ni a'n profiadau yn sylfaenol. Mae'r adolygydd celf Robert Hughes yn nodi bod llygoden yn ymddwyn yn hollol wahanol os bydd rhywun yn cerdded i'r ystafell, yn union fel y bydd ymddygiad pobl yn newid pan fyddant yn gweld llygoden. Ni fyddai pob un ohonom yn sgrechian ac yn neidio i ben cadair, ond mae'n sicr y byddem yn ymddwyn yn wahanol pe sylwem ar anifail bychan yn yr ystafell. Os yw hynny yn wir am lygoden, daw Hughes i'r casgliad ein bod yn newid ein hymddygiad yn fwy fyth, boed hynny mewn ffyrdd bach neu fawr, pan fyddwn yng nghwmni bod dynol arall.

Nid bod cael cwmni ar ein teithiau yn bleser bob amser. Mae dyddiadur y pererin o'r bymthegfed ganrif *The Book of Margery Kempe* yn disgrifio'r heriau o deithio gydag eraill. Dechreuodd arferion rhyfedd Margery, ac yn benodol ei thuedd i weddïo yn uchel wrth iddi gerdded, ferwino clustiau ei chyd-bererinion. Cynyddodd rhwystredigaeth y cwmni nes y bu iddynt ystyried ei gadael ar ôl yn gyfan gwbl. Yn y diwedd, cytunwyd ar gyfaddawd – caniatawyd iddi aros, ond dim ond ar yr amod ei bod yn eistedd wrth fwrdd ar wahân yn ystod prydau bwyd! Ni allai fy mhrofiad i gyda chymdeithion ar fy mhererindod fod wedi bod yn fwy gwahanol. Treuliais y rhan fwyaf o fy nhaith ar fy mhen fy hun, ac felly roeddwn yn trysori'r adegau pan ymunodd teulu a ffrindiau â mi ar y daith, hyd yn oed y rhai oedd â'u chwiwiau a'u mympwyon eu hunain! Trawsnewidiodd eu presenoldeb fy nhaith unig yn rhywbeth llawer mwy cyfoethog, ac fe'm cyffyrddwyd gan eu parodrwydd i roi eu hamser a'u hegni i mi, yn enwedig gan fod rhai ohonynt wedi teithio ar draws gwlad er mwyn cerdded dim ond un rhan o'r bererindod. Datgelwyd Duw i mi trwy gyfrwng ffrindiau, teulu a hyd yn oed ddieithriaid.

Gwerthfawrogwn yn fawr y rhoddion unigryw a dderbyniais gan bob un a ymunodd â mi ar y daith. Boed hynny trwy eu tosturi, eu haelioni neu ddim ond eu presenoldeb, teimlai'r adegau hynny fel gwir fendithion. Mae caredigrwydd a chyswllt yn cyfoethogi unrhyw daith. Cofiaf un diwrnod pan oedd gennyf boen ddirdynnol yn fy mhen-glin. Roedd ffrind wedi teithio o Birmingham i gerdded gyda mi am y diwrnod, a chynigiodd ei ysgwydd i mi bwyso arni bob tro y down i lawr o ben y camfeydd sydd mor lluosog yn Eryri. Erbyn diwedd y diwrnod hwnnw, roedd ysgwydd fy ffrind bron mor ddolurus â fy mhen-glin i!

Ar adegau eraill, rhannai fy nghyd-bererinion eu doethineb a'u gwybodaeth. Er enghraifft, dysgodd fy mam fi i sylwi ar arwyddion y gwanwyn wrth fy nhraed. A hithau'n fotanegydd amatur brwdfrydig, byddai'n dweud wrthyf beth oedd enwau'r blodau yr aem heibio iddynt, a hynny'n fy helpu i'w gwerthfawrogi hyd yn oed yn fwy. Ar y llaw arall, dysgodd fy chwaer sgiliau newydd i mi pan glywsom oen bach yn brefu'n ofidus wedi iddo'i gael ei hun yn gaeth ar ffordd beryglus, wedi'i wahanu oddi wrth lond cae o'i berthnasau pryderus. Gan ei bod wedi etifeddu rhywfaint o ddawn ffermio ein Taid, dysgodd fi i ddal oen oedd ar goll a llwyddasom i godi'r creadur bach ofnus dros y ffens i ddiogelwch ei gartref.

Nefoedd ac afiaith

Bu llawer o chwerthin hefyd yn ystod fy amser gyda fy chwaer. Wrth i ni ymlwybro ar draws tir amaethyddol, mynnodd fy mod yn tynnu llun i'w roi i'w gŵr ohoni hi'n sefyll wrth ymyl arwydd a gyhoeddai *Rhybudd: Nid y cŵn ond y wraig sy'n beryg.* Awgryma Charles Foster fod pererindod Gristnogol yn wahanol i deithiau ysbrydol ffydd eraill oherwydd y pwyslais ar hwyl a chwerthin. Roedd hyn yn sicr yn wir yn fy mhrofiad i, lle bu ysbeidiau o hwyl yn gymysg â'r trafferthion ar hyd y daith. Roeddem ni y pererinion yn aml yn ein dyblau yn chwerthin wrth wynebu golygfeydd swreal – llond cae o lamaod chwilfrydig, eglwys heb do, car wedi'i adael filltiroedd o'r ffordd agosaf, deinosor plastig ugain troedfedd o daldra fel tŵr ymhell o bobman, a gardd yn orlawn o jiraffod, aliwns a chowbois â golwg frawychus o fyw arnynt, yn ogystal â modelau llawn maint o Barack a Michelle Obama. Ar Benrhyn Llŷn, anogid ni gan garreg wedi'i pheintio ar y creigiau i 'gerdded yn gynt a dychmygu banjôs yn chwarae' oedd yn crisialu i'r dim lawenydd afresymol yr ymgyrch.

Nid dyna lle roedd y chwerthin yn gorffen. Roedd sgwrsio â chyd-deithwyr, boed yn hen gyfeillion neu gydnabod newydd, yr un mor ddifyr. Deuai ffrindiau oes ag atgofion hoff yn ôl yn fyw, tra rhannai cymdeithion newydd hanesion nad oedd yn bosibl peidio â'u mwynhau – fel y gweinidog Methodist a wnaeth i mi rowlio chwerthin wrth adrodd ei anturiaethau fel cystadleuydd ar *Total Wipeout* ar y BBC a *Ninja Warrior* ar ITV.

Ychwanegodd y munudau hyn o hwyl a chyswllt ag eraill haen werthfawr o lawenydd at y bererindod ac, yn eu canol, teimlwn fel petawn yn troedio ar dir sanctaidd. Mae'r cysyniad o *hwyl* yn rhywbeth unigryw yn hanes Cymru. Defnyddir y gair Cymraeg *hwyl* erbyn hyn i olygu hynny yn unig, sef 'hwyl', neu i ddymuno i rywun gael hwyl wrth i chi ddweud 'Hwyl' pan fyddwch yn ymadael â hwy. Yn wreiddiol, fodd bynnag, cyfeiriai at deimlad o lawenydd dyrchafol wrth addoli. Wedi'r cyfan, angerdd a llawenydd crefyddol oedd wrth wraidd y diwygiadau mawr Cymreig. Wrth grwydro ar fy mhererindod heibio hen gapeli oedd wedi cau ers tro, yn ogystal ag ymweld â rhai oedd yn dal ar agor, roeddwn yn ymwybodol fod hwyl heintus a sanctaidd y diwygwyr yn dal yn bresennol yn ein calonnau ni bererinion wrth i ni gerdded.

Angylion cudd

Hyd yn oed ar y dyddiau pan gerddwn ar fy mhen fy hun, byddwn mewn cysylltiad ag amrywiol bobl – heicwyr, gofalwyr eglwysi, curaduron amgueddfeydd, twristiaid, wardeniaid eglwysi, a hyd yn oed ambell gyd-bererin oedd yn cerdded rhannau o'r llwybr. Roedd y cwmni o bererinion yn *The Canterbury Tales* yn ddieithriaid i'w gilydd cyn iddynt gyfarfod yn nhafarn y pererin yn Southwalk, a nododd Chaucer eu bod wedi dod yn gymdeithion 'trwy ddamwain' (*'by aventure'*). Digon prin y gwelaf y rhan fwyaf o'r bobl y bu i mi eu cyfarfod ar fy mhererindod na chlywed ganddynt byth eto. Ac eto, bu i mi gyfnewid manylion cyfryngau cymdeithasol gydag ychydig ohonynt, ac rydym yn dal mewn cysylltiad hyd heddiw. Er mai dim ond am amser byr y bu i'n llwybrau groesi, mae'r cysylltiadau a ffurfiwyd yn y munudau hynny yn dal i adleisio yn ein bywydau.

Fodd bynnag, dysgir ni o'n plentyndod i fod yn wyliadwrus o ddiethriaid. Pwysleisir y dywediad *'stranger danger'* arnom, ac y mae hyn yn ddealladwy gan mai ein diogelwch, yn enwedig fel plant, sydd flaenaf. Ond wrth i ni dyfu i fyny, gall y ddrwgdybiaeth hon galedu i fod yn feddylfryd llwythol, a all ein hynysu oddi wrth y rhai sydd y tu allan i'n cylchoedd cyfarwydd.

Mae'r agwedd ofalus hon yn hollol wrthgyferbyniol i safbwynt y Beibl ar ddieithriaid. Trwy gydol yr Hen Destament, nid yn unig fe oddefir dieithriaid, ond fe'u gwelir fel ffynhonnell bendith. Rhoddir cyfarwyddyd cyson i'r Israeliaid i groesawu a gofalu am ddieithriaid, a dônt yn aml yn gyfryngau bendith ddwyfol – Jacob yn ymgodymu â'r dyn anhysbys yn Penuel, Abraham yn croesawu angylion i'w gartref yn ddiarwybod iddo'i hun, Rahab yn rhoi lloches i'r ysbiwyr Israelaidd, a'r wraig fonheddig o Sunem yn cynnig croeso i'r proffwyd Eliseus. Mae'r Beibl yn cyflwyno darlun trawiadol. Nid rhywun i'w ofni yw'r dieithryn, ond rhywun y datgelir Duw trwyddo.

Cyfeiria'r athronydd Will Buckingham at ein gwir angen am ddieithriaid, angen a ddiystyrir yn aml. Wedi iddo golli ei wraig, nid oedd yn syndod ganddo gael cysur yng nghwmni ffrindiau agos. Llawer yn fwy annisgwyl iddo oedd canfod cymaint o angen dieithriaid oedd arno – pobl na wyddai ddim am ei orffennol, ei alar na'i stori. Ysgrifennodd fod y cysylltiadau gwibiol hyn yn gweithio yn effeithiol yn erbyn parlys dioddefaint. Wedi'r cyfan, mae rhyddhad o ryw fath ynglŷn ag ymgysylltu â'r rhai nad ydynt ynghlwm yn ein bywydau. Gall eu presenoldeb godi ein beichiau mewn ffyrdd annisgwyl. Awgrymodd y cymdeithasegwr Georg Simmel y gallai dieithriaid hyd yn oed gymryd arnynt eu hunain ran offeiriad, gan gynnig math o gyffesfa gyfoes, yn syml trwy wrando heb farnu.

Ac eto, yn hytrach na chroesawu hyn, fe gawn yn aml ein rheoli gan ofn. Mae'r gair '*philoxenia*', sy'n golygu cariad dieithryn, yn gwbl groes ei ystyr i *xenophobia*, sef ofn dieithriaid. Mae gwreiddyn y term hwn yn y Testament Newydd, lle mae Hebreaid 13:2 yn annog credinwyr: 'Peidiwch ag anghofio lletygarwch (*philoxenia*), oherwydd trwyddo y mae rhai, heb wybod hynny, wedi rhoi llety i angylion.' Mae doethineb a diogelwch yn bwysig wrth gwrs. Ond gall pererindodau gynnig adegau lle gallwn wthio y tu hwnt i ofn a gelyniaeth er mwyn croesawu yr hyn a alwai'r athronydd Jacques Derrida yn '*hosti-pet*' – *hosti* yn golygu dieithryn, *pet* yn golygu potensial. Daw dieithriaid â phosibilrwydd a photensial. Aeth Emmanuel Levinas hyd yn oed ymhellach, gan awgrymu bod ein perthynas â dieithryn, yn ei hanfod, yn berthynas â'r dyfodol. Ac felly bu i mi groesawu dieithriaid ar fy mhererindod, nid fel ymyrraeth ond fel gwahoddiad. Cynigiai'r angylion hyn mewn cuddwisg gyfleoedd i mi gael cipolwg ar rywbeth newydd, rhywbeth dwyfol a rhywbeth oedd eto i ddod.

Ymhlith y cysylltiadau gwibiol hyn â dieithriaid, mae un yn sefyll allan – moment hynod o gydamseredd yn ystod rhan olaf fy nhaith. Wrth i mi gyrraedd Aberdaron a chyfarfod fy rhieni ar gyfer diwedd fy mhererindod, gwahoddais hwy i ymuno â mi ar gyfer y cam olaf un – y daith ar y cwch i Ynys Enlli sanctaidd. Fodd bynnag, roedd cryn dipyn o waith perswadio ar fy nhad. Roedd arno gymaint o ofn dŵr fel bod y syniad o gamu ar gwch bron yn annioddefol. Camodd i'r cwch yn anfoddog, ac wrth i'r cwch adael y lan roedd ei bryder yn amlwg i bawb. I dynnu ei feddwl oddi ar y daith, trawodd sgwrs â'r cychwr, a chrybwyllodd y byddai'n ymweld â'r ynys ar bererindodau yn ôl yn y 1960au. Yn ystod y teithiau hynny, bron i 60 mlynedd yn ôl, roedd wedi dod yn gyfeillgar â'r cychwr. Nid oedd yr hyn a ddilynodd yn ddim byd llai nag anhygoel. Datgelodd y cychwr presennol ei fod yn ŵyr i'r dyn a ddaeth yn gyfaill i fy nhad yr holl flynyddoedd hynny yn ôl. Wrth iddo sylweddoli hynny, diflannodd ofn fy nhad o'r dŵr, ac yn lle yr ofn daeth llawenydd rhannu storïau a chysylltiadau oedd yn rhychwantu'r cenedlaethau. Siaradai'r ddau yn frwd ar eu ffordd i'r ynys ac yn ôl, gan gyfannu bwlch o dros hanner canrif. Roedd fy nhad, a ddaeth yn gyfeillgar â'r cychwr pan oedd yn ifanc, yn awr yn ffurfio cyfeillgarwch â'i ŵyr – diwedd hyfryd o ogoneddus i'r bererindod.

Yn groes i'r ddelwedd o'r pererin unig, mae rhyngweithio rhwng pobl ar bererindodau yn ganolog i'w teithiau ysbrydol. Wrth i ni sgwrsio â'r rhai yr ydym yn teithio gyda hwy, rydym yn ein plethu ein hunain i'w taith yn union fel y maent hwy yn dod yn rhan o'n taith ni. Mae'n weithred ar y ddwy ochr, yn ffurfio profiad ar y cyd. Pan fyddaf yn darllen llyfrau, yn aml byddaf yn ysgrifennu nodiadau ar ymylon y tudalennau – arfer y byddwn yn fy ieuenctid wedi ei ystyried yn gableddus! Pan fyddaf yn ailddarllen y sgribladau hyn, mae'n ymddangos fel pe byddwn yn cael sgwrs fynwesol â'r awduron ac yn ymateb i'w meddyliau dros amser. Yn yr un modd, mae'r sgyrsiau a rennir yn ystod pererindod, boed hynny gyda ffrindiau, teulu neu ddieithriaid, yn gadael eu hôl, nid ar dudalennau, ond ar ein calonnau a'n meddyliau. Mae cyfnewid y sgyrsiau hyn, fel yr argraffiadau mewn inc, yn dod yn rhan o'r bobl ydym ni, yn ein ffurfio yn gynnil, yn ein calonogi ac yn gadael ar eu hôl drywydd y cyswllt y bu i ni ei rannu. Awgryma John

O'Donohue fod ein sgyrsiau yn adlewyrchu'r Drindod, a ddisgrifia ef fel rhynglif tragwyddol o gyfeillgarwch. Wrth i ni siarad â'n gilydd, rydym yn profi preswylfa gyda'n gilydd, tywalltiad o'r naill berson i'r llall ac yn ôl.

Cwmni distawrwydd

Gan fod fy nyddiau o gerdded ar fy mhererindod yng Ngogledd Cymru yn hir ac yn gorfforol galed, roedd llawer o'r cerdded gyda ffrindiau a theulu mewn distawrwydd. Fe'm synnwyd gan mor bwerus oedd hyn. Pan fyddwn yn cyfarfod ein ffrindiau am goffi mewn caffi, byddwn yn treulio'r holl amser bron yn sgwrsio. Ac eto, pan fyddwn yn cerdded hyd at ddeg awr y dydd, mae'r 'lle rhwng y nodiadau', fel y dywed Claude Debussy, yn dod cyn bwysiced â'r sgyrsiau. Fel y dyfynnir Sant Ephraim o Syria yn *The Way of a Pilgrim*: 'Mae siarad da yn arian ond mae distawrwydd yn aur pur.'

Pan fyddwn yn mynd y tu hwnt i eiriau gyda'n ffrindiau a'n teulu, rydym yn troedio ar dir sanctaidd. Gall geiriau gyfoethogi profiad, ond gallant hefyd ein tynnu ymaith o'r foment bresennol. Fel y canodd y grŵp pop o'r 80au Depeche Mode, gall geiriau hyd yn oed ddifetha distawrwydd ('*violence to silence*'). Darganfûm wir harddwch distawrwydd ar fy mhererindod. Nid absenoldeb sŵn oedd hyn, ond gwahanol fath o bresenoldeb yn llwyr.

Wedi'r cyfan, yn anaml y byddwn yn profi gwir ddistawrwydd. Gartref, torrir ar y tawelwch gan fwmian y teledu, y ffôn yn canu neu dwrw pell trafnidiaeth. Ond ar y bererindod, daeth 'distawrwydd' yn fyw trwy ryfeddod y byd naturiol – cân yr adar yn treiglo trwy'r awyr, pryfetach yn trydar yn gyson, gwiwerod yn sgrialu yn ysgafn, y gwynt yn sibrwd trwy'r coed neu'r tonnau yn torri yn erbyn y creigiau. Datgelodd y gerddorfa natur hon fod 'distawrwydd', ymhell o fod yn wag, yn un o'r synau cyfoethocaf oll. Yn y gyfres deledu *Undone* (2019), rhoddir teclyn clywed i Alma yn blentyn. Yn ddiweddarach, mae ei thad yn gofyn: 'Wyt ti'n cofio beth ddywedaist ti am ddistawrwydd y tro cyntaf i ti ei glywed?' Ateba Alma: 'Doeddwn i ddim yn gwybod ei fod yn swnio mor fyw.' Mae'r distawrwydd a brofir gan bererinion heddiw yn gyforiog o harddwch ac ystyr ac yn hollol wahanol i'n bywydau prysur arferol a'u dwndwr o synau o weithgarwch pobl.

Disgrifia Jane Goodall gyrraedd 'ymwybyddiaeth newydd sy'n dod pan gefnir ar eiriau'. Mae'n cysylltu hyn â'n plentyndod cynnar, pan na allwn wneud dim ond gwrando ar y byd yn mynd heibio. Felly, mae gan ddistawrwydd ffordd o'n tynnu'n ôl i amser pan deimlai popeth yn newydd, yn iach ac yn llawn rhyfeddod. Oherwydd eu chwilfrydedd naturiol, mae plant yn symud yn reddfol y tu hwnt i eiriau a rhesymeg, gan fanteisio'n llwyr ar eu dirnadaeth a'u trochi eu hunain yn y presennol. Trwy fod yn ymwybodol ein bod yn ailgysylltu â natur plentyn ac yn gollwng gafael ar eiriau, cysyniadau a gorfeddwl, rydym yn ein hagor ein hunain i barch a rhyfeddod. Trwy wneud hynny, rydym yn camu i symlder a harddwch teyrnas Dduw. Fel y dysgodd Iesu: 'Yn wir, rwy'n dweud wrthych, pwy bynnag nad yw'n derbyn teyrnas Dduw yn null plentyn, nid â byth i mewn iddi' (Marc 10:15).

Yn wir, pan gerddwn ar fy mhen fy hun, heb ffrindiau na theulu wrth fy ochr, y 'distawrwydd' hwn oedd fy nghwmni, wrth i mi groesawu unigedd oedd mor ddieithr i'm bywyd prysur yn y ddinas. Dywedodd y fforiwr Norwyaidd Erling Kagge unwaith ei fod yn teimlo 'yn llawer mwy unig mewn tyrfaoedd mawr o bobl a threfi gorlawn nag a wnawn ar fy ffordd i Begwn y De'. Mae ei eiriau yn atseinio yn ddwfn, oherwydd mae gwahaniaeth amlwg rhwng unigrwydd ac unigedd. Fel y gŵyr unrhyw un mewn gwaith bugeiliol, gall unigrwydd arwain at anobaith annioddefol. Er hynny bu gan unigedd le sanctaidd bob amser yn y traddodiad Cristnogol. Mae yn lle ble gallwn glywed llais Duw. Yn yr ystyr hwn, mae pererindod yn cynnig rhodd unigryw i ni – y cyfle i groesawu'r unigedd hwnnw a chreu lle i gyfarfod y dwyfol. Yn ei ddyddiaduron personol, mae Kierkegaard yn disgrifio cyflwr dwys lle rydym yn mynd y tu hwnt i ddicter, cenfigen, balchder a hunandosturi. Mae'n galw hyn yn 'natur fewnol', 'y berthynas â Duw' neu yn syml 'distawrwydd'. Mae pererindod yn ein gwahodd i fynd i'r lle tawel, trawsnewidiol hwn. Ac felly, pa un ai unigedd distawrwydd neu bresenoldeb dyrchafol pobl sydd yn gymdeithion i ni, mae ein teithiau yn llwyddo i agor y drws i dragwyddoldeb.

YR AIL DAITH: TRWY ANAF A THYWYLLWCH

Cyfeillgarwch dwyfol

Yn ystod fy mhererindod hir ac anodd tuag at adferiad, roedd fy nheulu a'm ffrindiau yn ffynhonnell gyson o obaith a llawenydd. Mae perthynas ag eraill yn rhoi ysbrydoliaeth ac egni i ni, ond mae hefyd yn adferol, yn dod â goleuni i ba dywyllwch bynnag yr ydym ynddo. Dywedodd Edith Eger mai cydweithrediad a chwmnïaeth oedd yr elfennau hanfodol ar gyfer mynd trwy bob diwrnod yn erchyllterau Auschwitz. Ysgrifenna mai dyna oedd hanfod y peth (*'the name of the game'*). Ychydig ohonom a fydd yn wynebu arswyd fel yr hyn a ddioddefodd Eger, ond, yn fy mhoen a'm hanobaith fy hun, rwyf yn sicr fod ffrindiau a theulu wedi codi fy ysbryd toredig.

Yn ei lyfr *Taith y Pererin*, mae John Bunyan yn disgrifio i'r dim swyddogaeth ddeuol cyfeillgarwch mewn cyfnodau o ddioddefaint – mae'n cynnig tosturi ac yn adfer gobaith. Wedi'i gaethiwo dan ddaear gan y Cawr Anobaith gormesol, mae Cristion yn suddo i ddigalondid. Ac eto, gwrthoda ei gydymaith Gobeithiol ei adael. Gan eistedd wrth ei ochr, mae'n gweddïo ac yn ei galonogi, gan ailgynnau gwreichionyn o obaith. Wedi'i ysbrydoli, cofia Cristion am yr allwedd o addewid a guddiwyd yn ei gôt, sydd yn y pen draw yn datgloi drws y ddaeargell ac yn rhyddhau'r ddau. Daeth y synnwyr dwfn hwnnw o ryddid yn fyw i mi wrth i ffrindiau a theulu ddod i ymweld â mi ar fy soffa goch, gan ddod â'u cysur a'u hanogaeth i leddfu'r teimlad gormesol o boen ac anobaith.

Nid rhannu fy maich yn unig a wnâi'r rhai a ddôi i ymweld â mi – roeddent yn fy helpu i'w drawsnewid. Fel y cyfryw, mae rhywbeth hynod gysegredig mewn cwmnïaeth pobl eraill. Mae'n gwlwm sy'n adlewyrchu'r cyfamod rhwng Duw ac Israel. Pan drodd Dafydd at Jonathan am gefnogaeth pan oedd ei wir angen arno, defnyddiodd yr un gair Hebraeg ag a ddefnyddia Duw i ddisgrifio'i gariad diysgog tuag at ei bobl: *hesed* – 'Bydd yn deyrngar [*hesed*] i'th was, oherwydd gwnaethost gyfamod â mi gerbron yr Arglwydd' (1 Samuel 20:8). Mae *hesed* yn ymgorffori cariad ffyddlon, teyrngar a pharhaus Duw (gweler Exodus 34:6), a phan fydd hi'n anodd arnom, gall caredigrwydd a thosturi cyfeillion ddod yn wir adlewyrchiad o'r cariad dwyfol, cyfamodol hwnnw.

Codi'n gilydd mewn cytgord

Yn ystod fy adferiad iechyd, nid oedd bob amser yn hawdd gweld bod y gofal a'r tosturi a roddwyd mor hael nid yn unig yn codi fy nghalon i, ond ei fod hefyd yn dod â phwrpas ac ystyr i'r rhai oedd yn ymweld â mi. Yn fwy na dim, roedd ofn yn fy llethu fy mod wedi dod yn faich trwm oedd yn dibynnu ar haelioni ffrindiau a theulu ond yn methu rhoi dim yn ôl iddynt. A minnau wedi arfer rhoi'r gofal yn y weinidogaeth, fe'm cefais fy hun yn awr yn y sefyllfa fregus o fod angen yr union ofal bugeiliol y bûm unwaith yn ei gynnig. Roeddem wedi cyfnewid swyddogaethau, a phlwyfolion caredig ac ordinandiaid yr oeddwn yn eu hyfforddi bellach yn ymweld yn rheolaidd â mi. Yn dilyn blynyddoedd yn y weinidogaeth roeddwn yn reddfol ond yn gyfeiliornus wedi meddwl mai i un cyfeiriad y llifai gofal bugeiliol. Roedd caniatáu i mi fy hun bwyso ar gynhaliaeth pobl eraill yn teimlo fel nofio yn erbyn llif fy holl brofiad cyn hynny.

Ac eto, wrth i amser fynd rhagddo, dechreuais edrych yn wahanol ar yr ymweliadau hyn. Nid arwyddion o fethiant ond yn hytrach arwyddion o ras oeddent. Yn raddol, deuthum i adnabod eu gwir werth. Roedd pob cyfarfyddiad yn gwneud i mi deimlo'n wylaidd, pob gweithred o garedigrwydd yn fy nghalonogi, a phob cyfle i gysylltu ag eraill yn wir iachaol.

Mae'r rhan fwyaf o'r myfyrdodau ysgogol a rannwyd gan fy nghaplan ysgol wedi pylu o'r cof, ond arhosodd un gyda mi am dros 30 mlynedd. Roedd yn ymwneud â chydbwysedd a grym cydgefnogaeth. Disgrifiodd gôr mawr yn canu mewn harmoni perffaith. Wrth i'r gynulleidfa wrando, nid ydynt byth yn sylwi ar un o'r cantorion yn cymryd ei anadl, oherwydd mae'r gweddill yn parhau â'r alaw yn ddi-dor.

Wrth i mi deithio tuag at adferiad, teimlais yr angen i roi'r gorau i ganu. Hwn oedd fy nghyfle i gymryd anadl, tra parhâi fy nheulu a'm ffrindiau ag alaw bywyd o fy nghwmpas. Roeddent yn cefnogi, yn ymweld, yn gweddïo, yn gadael anrhegion, ac yn anfon negeseuon a chardiau. Gwnaent hyn yn reddfol ac yn dosturiol. Ac mae'n ddigon posibl y daw diwrnod pan fyddant hwythau hefyd yn wynebu caledi ac y bydd arnynt angen aros i gymryd eu hanadl. Bydd eraill yno bryd hynny i gynnal yr alaw iddynt. Wedi'r cyfan, nid ydym yn cerdded ein teithiau ar ein pennau ein hunain. Fel pererinion, rydym yn teithio ochr yn ochr â'n gilydd. Fel y dywedodd y bardd o'r unfed ganrif ar bymtheg, John Donne: '*No man is an island, entire of itself; every man is a piece of the continent, a part of the main.*' Gyda'n gilydd, rydym yn creu cerddoriaeth bywyd, yn ein codi ein gilydd mewn harmoni pan fydd ar un llais angen aros a gorffwyso.

Ffurfio trwy berthynas

Mae perthynas wrth graidd yr hyn a olyga i fod yn ddynolryw. Nid ydym yn bodoli ar ein pennau ein hunain. Yn hytrach, ffurfir ein hunaniaeth gan y bobl o'n cwmpas, o'n ffrindiau a'n teulu agosaf hyd at y cymunedau a'r cenhedloedd ehangach yr ydym yn perthyn iddynt. Os mai gweithred o droi i mewn arnom ein hunain (*incurvatus in se*) yw pechod fel yr awgryma Awstin Sant a Martin Luther, yna mae'n ein dallu rhag gweld ein gwir angen am eraill ac yn ein twyllo i feddwl y gallwn ffynnu ar ein pennau ein hunain. Nid oes wahaniaeth pa mor annibynnol neu hunangynhaliol y tybiwn ein bod, mae cysylltiad yn angenrheidiol ar gyfer ein lles. Fel y dywed y diwinydd Cynthia Bourgeault: 'Ni allaf ganfod fy ngwir hunan ond mewn cymundeb ag eraill.'

Mae'r athronydd Heidegger yn awgrymu mai 'bodau-gyda' ydym yn sylfaenol. Mewn geiriau eraill, rydym yn greaduriaid sy'n cael ein siapio gan ein perthynas a'n rhyngweithio ag eraill. Fe heriodd syniadau unigolyddol meddylwyr fel tadau theori gwleidyddiaeth fodern, John Locke a Thomas Hobbes, trwy haeru nad ydym yn fodau unig, hunangynhwysol. Yn hytrach, fe'n teflir i'r byd, wedi'n plannu'n ddwfn mewn realaeth cymdeithasol cyfrannol. Pa un a ydym yn fewnblyg neu yn allblyg, a ydym yn mwynhau cwmni pobl eraill neu ddim, mae ein gwir hunaniaeth yn dal yn cael ei ffurfio trwy ein cysylltiadau a'n hymwneud ag eraill. Fel y dywedodd Heidegger, mae 'deiliad noeth heb fyd' yn amhosibl, gan na allwn fodoli mewn gwirionedd ond yng nghyd-destun ein cysylltiadau ag eraill.

Mae'r diwinydd Peter J. Leithart yn adeiladu ar y cysyniad hwn trwy awgrymu nad oes gan ein heneidiau, fel ein cyrff, derfynau pendant, ond eu bod yn fandyllog ac athraidd. Mewn geiriau eraill, ffurfir ein hunaniaeth, ein personoliaeth a'n cymeriad ac effeithir yn ddwfn arnynt gan y bobl yr ydym yn eu caru a hefyd y dieithriaid a gyfarfyddwn. Yn y ffordd hon, ymgartrefwn yn ein gilydd. Daw Leithart i'r casgliad fod eraill yn byw ynom ni, hyd yn oed wrth i ni osod ein pabell ynddynt.

Trwy ein rhyngweithio â bodau dynol eraill, felly, y down yn aelodau o'r ddynolryw ein hunain. Nid yw'n syndod fod seicolegwyr a chymdeithasegwyr yn awr yn pwysleisio manteision sylweddol cyfeillgarwch ar gyfer cymdeithas a hefyd ar gyfer ein lles a'n hiechyd fel unigolion. Yn y ffilm ddogfen *Garnet's Gold* (2014), mae'r prif gymeriad yn mynd ar daith i Ucheldiroedd pellennig yr Alban, wedi'i argyhoeddi y bydd yn dadorchuddio trysor a guddiwyd gan Bonnie Prince Charlie ganrifoedd yn ôl. Er hynny, serch ei benderfyniad, ni ddaw o hyd i ddim, a daw adref yn waglaw. Mae ei fam lesg, oedrannus fodd bynnag yn gweld gwirionedd dyfnach yn ei ymgyrch. Iddi hi, nid yw'r gwir drysor wedi'i gladdu yn y ddaear ond yn hytrach mae yn y cyfeillgarwch a ffurfiodd â gwahanol bobl ar hyd y daith. Mae'n ei gysuro'n addfwyn:

> Nid rhywbeth rwyt ti'n cael hyd iddo yn y ddaear neu mewn bocs ag 'X' arno ar fap ydi trysor; wyddost ti, mae llawer o'th fywyd yn cael ei dreulio yn meddwl am y gorffennol a dy le di ynddo a'r ffrindiau a fu gen ti; ac rwyt ti'n codi darnau bach o aur o'r atgofion hynny – llwch euraid!

Esgeuluso cyfeillgarwch

Mae'r angen dynol am gyswllt a chyfeillgarwch yn croesi amser, diwylliannau a gwledydd ac yn deillio o ddyfnderoedd ein gorffennol esblygiadol. Mae cwmnïaeth a gofal yn gynhenid yn ein genynnau, fel y dangosodd Jane Goodall a fu'n astudio'r berthynas rhwng y tsimpansîaid yn jyngl y Gombe yn Tanzania am ddegawdau. Nid bod meithrin cyswllt yn ein bywydau ein hunain yn hawdd bob amser. Wedi'r cyfan, mae gan ein cymdeithas agwedd braidd yn gymysg tuag at gyfeillgarwch. Ar un llaw, mae rhaglenni teledu fel y gomedi o Unol Daleithiau America *Friends*, a ffilmiau Hollywood am anturiaethau ffrindiau, fel y cyfresi *Bad Boys, Sex and the City, Ice Age* a *Bill and Ted*, yn dangos y pwyslais a roddwn ar gyfeillgarwch clos. Ar y llaw arall, mae ein byd yn hynod drafodaethol, ac fe'n hanogir i weithio allan beth fedrwn ni ei gael allan o bethau a phobl.

Nid yw'n syndod fod y mwyafrif ohonom yn ystod yr ychydig ddegawdau diwethaf wedi bod yn byw bywydau sy'n gynyddol ynysig. Canfu astudiaeth ddiweddar ym Mhrydain fod un ym mhob deg ohonom yn ystyried nad oes gennym ffrindiau agos, tra dangosodd ymchwil yn UDA fod y ffigwr hwn yn un mewn pedwar, sy'n syfrdanol. Yn 2018, roedd llywodraeth y DU mor bryderus am arwahanrwydd cymdeithasol fel y penodwyd gweinidog dros unigrwydd, ac mae cwmnïau 'rhentu ffrind' yn hynod boblogaidd yn Japan ac yn dod yn ffasiynol mewn lleoedd eraill hefyd.

Er fy mod wrth fy modd pan ymwelai ffrindiau caredig â mi ac yn gwerthfawrogi ymdrechion fy nheulu i eistedd a chadw cwmni i mi, daliwn i deimlo unigrwydd mawr yn nhrybestod fy nhaith hir tuag at adferiad iechyd. Adlewyrchai hyn y ffaith fy mod wedi esgeuluso sawl cyfeillgarwch dros y blynyddoedd. Er bod gennyf ffrindiau da a gofalgar, roeddwn wedi dod yn gyfforddus hunangynhwysol, ac anaml y byddwn yn cysylltu â hwy nac yn treulio amser yn eu cwmni. Mewn cymdeithas sy'n gwirioni ar ryddid, lle rydym yn anelu at reolaeth dros ein hamser a'n dyddiaduron, disgrifia'r newyddiadurwr Oliver Burkeman yr un rhyddid sydd bob amser yn niweidiol – y 'rhyddid i beidio â gweld ein ffrindiau'.

Wrth i mi gael cip ar negeseuon diddiwedd ar y cyfryngau cymdeithasol tra gorweddwn mewn poen ar fy soffa, sylweddolais er bod cysylltiad *rhyngof* â chynifer mai prin y byddwn yn cysylltu *â* hwy. Yn ei lyfr ar arwyddocâd ysbrydol cyfeillgarwch, cynigia'r diwinydd Drew Hunter safbwynt sobreiddiol. Ysgrifenna na fydd yn edifar gennym pan fyddwn yn cyrraedd terfyn ein bywydau na fu i ni dreulio mwy o oriau yn y swyddfa, neu yn gwylio oriau o deledu neu chwilio yn ddiddiwedd trwy Instagram. Yr hyn y byddwn efallai yn edifar amdano fodd bynnag yw peidio â buddsoddi mwy o amser mewn cyfeillgarwch sydd yn wir yn rhoi dyfnder ac ystyr i fywyd. Daw i'r casgliad: 'Pe gofynnech i mi beth sydd orau mewn bywyd, byddwn yn rhoi enwau i chi.' Cefnogir gosodiad Hunter gan Bonnie Ware, a fu'n myfyrio ar ei phrofiad o nyrsio cleifion yn eu gwaeledd olaf. Sylwa mai'r prif beth y mae ei chleifion yn edifar amdano yw na fu iddynt dreulio mwy o amser gyda'u ffrindiau. 'Mae pawb yn hiraethu am eu ffrindiau tra maen nhw'n marw,' meddai.

AR EIN TEITHIAU

Cyfeillgarwch a ffydd

I'r Cristion, wrth graidd y rhodd a'r fendith o gyfeillgarwch mae'r ffaith fod rhywfaint o'r dwyfol yn ein cysylltiad ag eraill. Mae W.H. Auden yn cyfleu hyn yn hyfryd wrth fyfyrio ar sgwrs â chriw o gydweithwyr. Er nad oeddent yn gyfeillion arbennig o agos, disgrifia gael ei drechu gan rym anorchfygol trwy eu presenoldeb yn unig. Ysgrifennodd nad oedd ei deimladau personol tuag atynt wedi newid – cydweithwyr oeddent o hyd, nid ffrindiau agos – ond teimlai fod eu bodolaeth fel hwy eu hunain o werth annherfynol ac ymhyfrydai ynddo. Fel Cristnogion, mae gan ein perthynas ag eraill, boed yn agos neu dros dro, rywfaint o'r ansawdd tragwyddol hwn. Wedi'r cyfan, adlewyrchir y cymundeb â'r Drindod yn ein perthynas ag eraill, er yn amherffaith. Gan ein bod wedi ein llunio ar ddelw Duw (*imago Dei*), rydym yn adlewyrchu natur ein creawdwr. Ac felly, yn union fel y mae Duw y tri yn un yn bod mewn perthynas berffaith, rydym ninnau hefyd wedi'n cynllunio ar gyfer cysylltu. Nid dim ond rhywbeth yr ydym yn ei wneud yw perthynas ag eraill, ond mae wedi'i blethu i ddeunydd yr hyn ydym ni. Dywed y diwinydd Timothy Keller os nad oes arnoch angen ffrindiau nad ydych yn debyg i Dduw.

Rhaid i ni gofio, fodd bynnag, bod cyfeillgarwch yn dod mewn sawl ffurf a maint, ac nad oes dau yn union yr un fath. Mae rhai ohonom yn mwynhau bwrlwm achlysuron cymdeithasol, tra bo'n well gan eraill dawelwch sgwrs un-i-un. Mae ambell gyfeillgrwch yn ffynnu ar lein, tra mae eraill yn dyfnhau trwy rannu profiadau wyneb yn wyneb. Rydym i gyd yn llywio cysylltiadau mewn ffyrdd sy'n adlewyrchu ein personoliaethau, ein hanghenion a'n hoffterau. Mae Stanley Hauerwas yn tynnu sylw at bwysigrwydd cyfeillgarwch ym mywydau'r rhai sydd ag anableddau cymhleth. Yn ei astudiaeth o gymunedau L'Arche ledled y byd, mae'n dangos sut y gall cyfeillgrwch dwfn, ystyrlon dyfu rhwng rhai sydd ag anableddau deallusol a'r rhai nad oes ganddynt anableddau o'r fath. Ond er mwyn i hyn ddigwydd yn fwy cyffredinol, mae'n dadlau bod yn rhaid i ni ollwng ein gafael ar syniadau pendant ynglŷn â'r hyn y dylai cyfeillgarwch fod. Mae'r her yn ymestyn i'n bywydau ni i gyd.

Yn ddiweddar mae ymchwil hefyd wedi dangos bod agwedd llawer o bobl niwrowahaniaethol tuag at gyfeillgarwch yn wahanol. Awgryma Ann Memmott, arbenigwr ar awtistiaeth sydd wedi cynghori Eglwys Loegr a Senedd y DU, fod gan Iesu ei hun gyfeillion awtistig. Dangosodd Nicodemus yn efengyl Ioan, er enghraifft, nifer o nodweddion niwrowahaniaeth – cymerai bethau yn llythrennol, chwiliai am leoedd tawel yn hytrach na bod mewn tyrfa a dibynnai ar reolau wrth ymdrin â'r byd. Ac eto ni fynnodd Iesu iddo newid. Yn hytrach, fe'i croesawodd fel yr oedd, a chadarnhau ei gyfeillgarwch yn ddiamod. Pan fyddwn yn glynu'n rhy dynn at ddiffiniadau cyfyng o gyfeillgarwch, y perygl yw y byddwn yn methu gweld y ddelwedd ddwyfol yn y rhai sy'n ymddwyn yn wahanol. Nid yw'r *imago Dei* wedi'i neilltuo ar gyfer y rhai sy'n cydymffurfio â mowld cymdeithasol penodol – mae'n bresennol ym mhob person ac ym mhob math o berthynas. Gellir canfod Duw yn y rhychwant llawn o gyfeillgarwch pobl.

Felly, mae cyfeillgarwch yn sanctaidd yn yr ystyr ei fod yn adlewyrchu cymeriad Duw. Mae'r cysyniad o Dduw fel Duw cyfeillgarwch yn mynd y tu hwnt i'r delweddau traddodiadol, hierarchaidd o'r dwyfol (e.e. tad/plant, bugail/ŵyn). Pwysleisia'r diwinydd Jürgen Moltmann bwysigrwydd bod yn agored wrth i ni wreiddio ein cyfeillgarwch ag eraill yng nghymeriad Duw. Mae cyfeillgarwch caeëdig yn ceisio amddiffyn yr unigolyn, ac, fel cymdeithasau caeëdig ac eglwysi caeëdig, maent yn ynysig ac yn tueddu i fod yn fyfïol. Mae'r efengyl, fodd bynnag, yn ein galw y tu hwnt i'n cynefin cysurus ac yn ein gwahodd i groesawu cyfeillgarwch a seiliwyd ar ymddiriedaeth a sensitifrwydd. Mae gan gyfeillgarwch cywir y grym i ddisodli hierarchaeth gan greu perthynas sy'n agored yn hytrach nag yn rheoli. Fel y dywedodd Iesu wrth ei ddisgyblion yn ystod y swper olaf: 'Nid wyf mwyach yn eich galw yn weision… Yr wyf wedi eich galw yn gyfeillion' (Ioan 15:15). Mewn byd lle mae drwgdybiaeth gymdeithasol, gwleidyddol ac eglwysig yn dyfnhau, mae'r weledigaeth hon o gyfeillgarwch yn troi'r sefyllfa bresennol ar ei phen gan gynnig ffordd o gysylltu sydd wedi'i gwreiddio mewn cariad yn hytrach nag mewn grym neu statws.

Nid oes gan neb gariad mwy na hyn

Gall fy mamiaith helpu i atgyfnerthu'r ddealltwriaeth o'r syniad dwyfol o gyfeillgarwch. Mae'r iaith Gymraeg yn gwahaniaethu rhwng y ddau ystyr o'r Saesneg '*knowing*'. Yn gyntaf, mae gennym *gwybod*, sef gwybod pethau. Yn ail, mae *adnabod*, sef adnabod person.

Mae'r gair *adnabod* yn air cyfoethog a chymhleth. Awgryma'r bardd Waldo Williams fod *adnabod* yn dynodi perthnasau sy'n rhoi ystyr ac mai dim ond pan fo hunaniaeth Duw ei hun yn bresennol y mae'n bosibl. Mae efengyl Luc yn disgrifio'r disgyblion ar y ffordd i Emaus yn 'adnabod' (*epiginóskó*) eu meistr wrth iddynt o'r diwedd sylweddoli mai ef yw'r Iesu atgyfodedig. Cyfieithodd cyfieithwyr Cymraeg y Beibl y gair Groeg hwnnw fel *adnabod*. Felly, mae Duw yn hollol llythrennol yn bresennol yn y cyfeillgarwch ar y ffordd lychlyd i Emaus. Mae bardd arall, Mererid Hopwood, yn nodi bod *adnabod* yn ymgorffori cariad mewn 'ystyr brawdol, cyfannus', gan ymblethu cyfeillgarwch a theulu. Disgrifia *adnabod* yn hyfryd fel 'y ddawn sy'n ein clymu ni yn deulu'.

Gan adeiladu ar hyn, mae'r diwinydd Dorian Llywelyn yn cyflwyno gair arall, *perthyn*, er mwyn ehangu ar y syniad hwn. Mae ystyr ddeuol i *perthyn* – sef '*belong*' a '*related*' yn Saesneg. Ac felly, mewn cyd-destun Cristnogol, mae *adnabod* a *perthyn* fel ei gilydd yn cyfeirio at weledigaeth nefol o frawdoliaeth fyd-eang. Maent yn caniatáu i gyfeillgarwch ein hatgoffa ein bod i gyd wedi ein cydgysylltu fel teulu o frodyr a chwiorydd cariadlon yng Nghrist.

Mae'r dystiolaeth ysgrythurol yn cysylltu cyfeillgarwch a chariad ymhellach. O'r chwe gair Groeg am gariad, dim ond *agape* a *philia* a ddefnyddir yn y Testament Newydd. Mae a*gape*, cariad cyffredinol, aberthol Duw, wedi bod yn ganolbwynt diwinyddiaeth Gristnogol am ganrifoedd. Mewn gwrthgyferbyniad, esgeuluswyd *philia* yn aml. Yn yr hen fyd, gwelid *philia* fel math dethol a chyfyngedig o gariad, wedi'i neilltuo ar gyfer ffrindiau agos. I Gristnogion, gallai hyn ymddangos fel ei fod islaw *agape*, sydd yn ddiamod, yn ddiderfyn ac yn gynhwysol. Mae'r pwyslais traddodiadol hwn ar *agape*, sydd wedi ei ddyrchafu uwchben *philia*, hyd yn oed wedi arwain rhai i awgrymu y gallai Iesu fod wedi bod, yng ngeiriau Joseph Epstein, 'efallai, o leiaf yn anuniongyrchol, yn wrth-gyfeillgarwch'.

Ac eto, er bod yr hen fyd yn aml yn gwahaniaethu rhwng 'cariad cyfeillgarwch' (*philia*) a 'chariad diamod' (*agape*), mae'r llinellau hyn yn annelwig yn y Testament Newydd. Yn yr ysgrythur, defnyddir *agape* a *philia* yn gyfystyr, ac y mae'r ddau yn cael eu defnyddio i ddisgrifio cariad Duw *a'r* cariad rhwng ffrindiau. Yn wir, mae efengyl Ioan yn cysylltu *agape* yn uniongyrchol â chyfeillgarwch, gan awgrymu nad yw'r ddau fath o gariad mor wahanol ag y maent yn ymddangos – 'Nid oes gan neb gariad [*agape*] mwy na hyn, sef bod rhywun yn rhoi ei einioes dros ei gyfeillion' (Ioan 15:13). Felly, boed y Testament Newydd yn siarad am *agape* neu *philia*, mae'n amlwg bod cyfeillgarwch, i Iesu, wrth wraidd ei genhadaeth a'i fod wedi'i blethu'n dynn â chariad diamod a diddiwedd Duw.

Adleisir hyn yn holl hanes gwaredigaeth, o Genesis i'r Datguddiad, a chyfeiria Timothy Keller ato fel gweithred gosmig, anferthol o gyfeillgarwch. Ym mhenodau cyntaf y Beibl, mae arwahanrwydd Adda yn arwydd o agwedd anorffenedig o'r creu (Genesis 2:18). Pwysleisia hyn fod bywyd heb gyfeillgarwch yn sylfaenol ddiffygiol. Ni fwriedir i ni fyw ar ein pennau ein hunain, gan mai dim ond trwy berthynas â'n gilydd y gallwn wir adlewyrchu'r cariad perthynol sydd wrth union wraidd bodolaeth Duw. Nid yw'n rhyfedd fod ysgrifenwyr beiblaidd yn darlunio dyfodol wedi'i seilio ar gytgord rhwng pawb. Yn yr ysgrythur, nid yw gobaith fyth yn weithgaredd personol ond yn hytrach mae'n wirionedd cymunedol a rennir. Mae meddylwyr Cristnogol cynnar fel Irenaeus yn disgrifio tynged y greadigaeth fel 'dwyfololi', sef uniad dwfn â'n gilydd yn Nuw, yn yr hwn y deuir â'r holl greadigaeth i gytgord perffaith. Mae Drew Hunter yn awgrymu bod ein cyfeillgarwch â'n gilydd heddiw yn brofiad o eschatoleg dechreuol. Mewn geiriau eraill, mae ein perthynas â'n gilydd yn caniatáu i lawenydd teyrnas Dduw yn y dyfodol a'r greadigaeth newydd dorri i'r presennol. Yn yr ymrwymiadau a rannwn, nid yn lleiaf o fewn yr eglwys, sef cymuned o ffrindiau Iesu, cawn gipolwg ar yr oes ogoneddus sydd i ddod. Daw Hunter i'r casgliad: 'Mae hanes yn gorffen nid â chlec na chwynfan, ond gyda chwerthin ffrindiau.'

Gwelir canologrwydd cyfeillgarwch yn hanes yr iachawdwriaeth yn fwyaf llachar ar y groes. Wedi'r cyfan, yn erbyn cefndir dwys Golgotha y mae Iesu'n siarad am rym cyfeillgarwch (Ioan 15). Mae'r groes, gweithred derfynol Iesu o gariad hunanaberthol, nid yn unig yn gonglfaen ein ffydd ond hefyd y mynegiant mwyaf o wir gyfeillgarwch. 'Yng ngariad gwirioneddol ddynol Iesu tuag at ei gyfeillion,' meddai'r ysgolhaig beiblaidd Richard Bauckham, 'y mae'r cariad dwyfol tuag at y byd yn cymryd ffurf ddynol.' Pan fyddwn ni'n dod yn ddisgyblion iddo, fe'n gwahoddir i'w gyfeillgarwch, rhodd y gelwir arnom i'w derbyn ac yna ei chynnig i eraill.

Mae ysbrydolrwydd Celtaidd yn datblygu hyn yn y cysyniad o gyfeillgarwch enaid (*anam cara*), sy'n cydnabod bod Iesu ei hun yn bresennol yn ein cydberthnasau. Yn yr ystyr hwn, mae'r bardd Gwyddelig John O'Donohue yn haeru bod cyfeillgarwch ag eraill yn sacramentaidd. Trwyddynt, rydym yn troedio ar dir dwyfol ac yn cael mynediad personol i ddirgelwch Duw. Gall y cwmni yr ydym yn ei gadw ein trawsnewid a'n gweddnewid a gwneud ein cyfeillgarwch, yn ôl O'Donohue, yn rym eang a thrylwyr.

Cyfarfod Iesu mewn eraill

Pan oedd yn 29 oed, canfu'r actor Michael J. Fox ei fod yn dioddef o'r math o glefyd Parkinson's sy'n effeithio ar bobl ifanc. Dros 20 mlynedd yn ddiweddarach, ysgrifennodd yn bwerus am y modd y bu iddo dderbyn ffisiotherapi ffyrnig a heriol yn dilyn llawdriniaeth fawr i dyfiant ar ei asgwrn cefn. Mae'n cydnabod ei bod mewn rhai ffyrdd yn daith y bu'n rhaid iddo ei throedio ar ei ben ei hun gan fod ei adferiad yn deillio o nerth mewnol ac ymroddiad annibynnol. 'Mae hwn yn waith tu mewn,' meddai, 'nad yw ddim ond yn gweithio os wyf yn credu.' Fodd bynnag, mae hefyd yn cydnabod y byddai ei adferiad wedi bod yn anorchfygol heb gariad a chynhaliaeth ffrindiau, teulu a gweithwyr iechyd.

Yn yr un modd, bydd adegau ar deithiau pob un ohonom y bydd yn rhaid i ni eu hwynebu ar ein pennau ein hunain. Mae yna lwybrau unig lle rydym yn cerdded gyda dim ond ysbryd Duw yn nerth i'n cynnal. Er hynny, rhoddir ffurf i'n teithiau hefyd ac fe'u hysbrydolir a'u cyfoethogi gan y bobl sy'n cerdded wrth ein hochr – ffrindiau, teulu, cydweithwyr a hyd yn oed dieithriaid. Roedd hyn yn wir am fy mhererindod ar draws Gogledd Cymru. Ond roedd yr un mor wir yn y tymor o adferiad a ddilynodd. Roedd yr adferiad hwnnw yn daith fewnol, un y bu'n rhaid i mi ei thramwyo gydag arweiniad Duw, yn benderfynol gam wrth gam. Ond trwy'r ing a'r dagrau deuthum i ddibynnu ar gariad a chefnogaeth teulu a ffrindiau. Yn ystod y misoedd maith hynny, teimlwn bresenoldeb grymus Iesu, trwy bob gweithred garedig, pob gair o anogaeth, a phob arwydd o ofal gan y rhai oedd o'm cwmpas.

Myfyriodd y diwinydd Dietrich Bonhoeffer yn bwerus ar gyfarfod Iesu mewn rhywun arall. Yn wyneb cythrwfl, dioddefaint a gormes yr Almaen Natsïaidd, daeth ei argyhoeddiad yn ganolog i'w ddiwinyddiaeth ac yn sylfaen ar gyfer ei fywyd o gyfeillgarwch a chymuned. Mae Bonhoeffer yn ein herio i symud y tu hwnt i edrych ar Dduw fel duwdod pell, anweledig. Yn hytrach, mae'n ein hannog i adnabod Duw yng nghnawd ac esgyrn y rhai sydd o'n cwmpas, yn ein cyfeillion a'n cymdogion sydd, fel ni, yn cludo gyda hwy holl bwysau profiadau ac emosiynau dynolryw. Trwyddynt hwy, mae Duw yn sefyll gyda ni, drosom ni ac wrth ein hochr. Pan fydd eraill yn dangos cariad tuag atom, maent yn camu i mewn i'n stori, yn rhannu ein poen ac yn cofleidio ein taith. Felly, mewn byd a reolir gan weithrediadau a chyfnewidiadau, mae cwmni i'w groesawu fel gwrthgyferbyniad trawiadol. Wrth ei graidd mae gras, rhodd a roddir ac a dderbynnir yn rhad, gan weddnewid y rhoddwr a'r derbyniwr yn angerddol. 'Rydym ni yn rhan o bawb yr ydym wedi eu caru,' meddai James Bryan Smith, 'ac maent hwy yn rhan ohonom ni.'

AMSER I FYFYRIO

- Pa mor bwysig yw presenoldeb pobl eraill ar y teithiau yr ydych yn eu cerdded ar hyn o bryd?

- Meddyliwch am yr adegau pan fu i ffrindiau, cymdogion, cydweithwyr neu hyd yn oed ddieithriaid gydgerdded â chi. Sut yr ydych chi wedi profi cariad a thangnefedd Duw trwy eu presenoldeb a'u cefnogaeth ar y daith?

5

Dibyniaeth

Mae yn natur Duw i roi a charu yr un mor sicr
ag y mae yn natur hwyaden i gwacian.
Rowan Williams, diwinydd

Os mai'r unig weddi a ddywedwch yn eich bywyd yw 'Diolch'
bydd hynny'n ddigon.
Meister Eckhart, cyfrinydd

Y DAITH GYNTAF: TAITH Y PERERIN

Bregusrwydd ymddiriedaeth

Honnodd Charles Foster fod 'pob pererindod yn daith tuag yn ôl; mae cam pob pererin yn gam tuag at ei blentyndod'. Yng nghyd-destun blynyddoedd fy arddegau, pan fyddwn yn edrych allan yn hiraethus ar Ynys Enlli ar ôl diwrnod blinedig yn syrffio ym Mhorth Neigwl, roedd fy mhererindod yn hollol llythrennol yn gam yn ôl mewn amser i mi. Ond fe'm hatgoffai am fy mhlentyndod mewn ffordd annisgwyl arall hefyd. Yn ystod fy nhaith, darganfûm fwy am ddibyniaeth ac ymddiriedaeth nag a wnes yn negawdau blaenorol fy mywyd.

Fel plant, rydym yn dibynnu'n llwyr ar eraill, a thrwy'r ddibyniaeth honno y down i ddeall am y tro cyntaf pa mor hanfodol yw ymddiriedaeth ar gyfer ein tyfiant a'n lles. Mae gennyf gof byw o wylio fy mab yn dysgu cerdded. Roedd yn rhaid iddo ddysgu ymddiried yn ei goesau bach ei hun ac yn ei deulu oedd yn ei gynnal. Wrth iddo flino cropian, dechreuodd sefyll a cherdded ychydig gamau yn ofalus cyn cwympo. Byddem yn ei godi bob tro, ei gysuro a'i wylio yn dechrau o'r dechrau eto. Er gwaethaf ei holl godymau, a leddfwyd gan ei gewyn, ni phallodd ei benderfyniad. Wrth fynd ar Daith y Pererin, dysgais yn fuan fod yn rhaid i minnau wynebu'r posibilrwydd o syrthio, yn drosiadol ac yn llythrennol, ac ymddiried y byddai Duw yn fy nghodi ac yn fy arwain ymlaen.

Mae rheolaeth ac ymddiriedaeth, wrth gwrs, yn perthyn yn agos, a hynny yn bennaf oherwydd ein tuedd i ymddiried yn y pethau hynny y credwn ein bod yn medru eu rheoli. Rydym wedi ein cyflyru i geisio rheoli pawb a phopeth, o'n hiechyd i'n cydweithwyr. Awn trwy fywyd yn ymdrechu i sicrhau'r canlyniadau a ddeisyfwn, fel petai crafangu am reolaeth yn gwarantu sicrwydd. Ar bererinodau, fodd bynnag, dysgwn yn fuan mai ychydig y gallwn ei reoli. Mae'r tywydd, ein cynhaliaeth, cyflwr y llwybrau troed, a'n cyrff dolurus a blinedig y tu hwnt i'n rheolaeth i raddau helaeth. Ac felly ar bererindod rydym yn fregus, wrth i ni ymddiried mewn rhywbeth mwy sydd yn ein harwain ac yn ein cynnal. Mewn byd lle rhoddir ymddiriedaeth ar brawf yn gyson, boed hynny trwy hysbysebu ystrywgar neu wleidyddiaeth dwyllodrus, nid yw'n syndod ein bod yn aml yn teimlo'r angen i fod yn wyliadwrus. Ond, ar bererindod, rydym yn pwyso ar eraill ac yn ymddiried yng ngofal grym mwy sy'n uno, ac felly bydd ein bregusrwydd yn newid o fod yn wendid gweladwy i fod yn gryfder nerthol.

O ddibyniaeth i gyd-ddibyniaeth

Yn ystod y blynyddoedd diweddar, mae'r holl syniad o ddibyniaeth wedi cael ei ddifrïo ac yn aml yn cael ei weld fel gwendid i'w osgoi ar bob cyfrif. Fel unigolion ac fel cymdeithas, nid oes yr un ohonom yn dymuno dibynnu ar eraill, boed hynny oherwydd anabledd, gwaeledd neu amgylchiadau bywyd. I'r gwrthwyneb, dethlir annibyniaeth fel y nod terfynol. Rydym yn magu ein plant i fod yn oedolion annibynnol, yn abl i reoli eu bywydau heb ein hymyrraeth ni. Yn ddiweddarach mewn bywyd, mae llawer ohonom yn dal ein gafael yn ystyfnig a balch yn ein hannibyniaeth, gan ymwrthod ag unrhyw awgrym y bydd arnom angen cymorth efallai er mwyn ymdopi'n well.

Mae'n sicr fod lle i annibyniaeth ac y gall fod yn bwysig er mwyn meddwl a gweithredu'n effeithiol. Ond, er hynny, cyd-ddibyniaeth sydd wrth wraidd bywyd llawn a chymdeithas iach. Rydym yn dibynnu ar gynifer o bobl eraill am gymaint, boed yn ffermwyr a gweithwyr sy'n cyflenwi ein harchfarchnadoedd neu weithwyr iechyd proffesiynol sy'n gofalu amdanom yn ein hangen. Y tu hwnt i hynny, rydym hefyd yn dibynnu'n helaeth ar y greadigaeth ei hun – ar goed er mwyn cael aer i'w anadlu, trychfilod i gynnal cydbwysedd manwl ecosystemau, a phlanhigion ac anifeiliaid am fwyd. Daw pererindodau â'r gwirionedd hwn yn hollol glir, gan ein hargyhoeddi yn ddyddiol mor ddwfn yr ydym wedi ein cydgysylltu, nid yn unig â phobl eraill, ond â'r byd naturiol sy'n ein cynnal a'n ffurfio.

Fe'm hatgoffwyd o'r ddibyniaeth hon yma ac acw wrth i mi gerdded ar hyd Taith y Pererin. Fel yn ystod fy mhlentyndod, roedd fy rhieni yno i mi bob cam o'r ffordd – yn darparu bwyd, cefnogaeth a hyd yn oed lle i aros, gan fod eu cartref a'u tŷ gwyliau ar lwybr y pererinion. Yn yr un modd, roedd eraill yn fy nghynnal trwy annog a chefnogi. Anfonodd rhai negeseuon testun neu ebyst cefnogol tra oedd eraill yn cynnig cymorth pan fyddai angen trwy lenwi fy mhoteli dŵr yn eu cartrefi neu, wedi iddynt ddarllen am fy nhaith ar fy mlog, gadael te a bisgedi i mi yn eu heglwysi.

Yr oedd, fodd bynnag, adegau eraill o ddarpariaeth a chefnogaeth oedd yn cyfleu cysylltiad cydamserol mwy. Ar ail ddiwrnod fy nhaith, gwnes y camgymeriad sylfaenol o danamcangyfrif faint o ddŵr y byddai ei angen arnaf ar ddiwrnod heulog o wanwyn. Wedi i mi ymlwybro dros ddeng milltir, a phum milltir arall o'm blaen, gorffennais y diferion olaf o fy mhoteli dŵr. Daeth syched aruthrol drosof, y math a wnâi i bob cam deimlo'n drwm. Wrth edrych ar fy map, gwelais fy mod ar fin cyrraedd pentref bach Tremeirchion. Dyma fy nghyfle olaf i gael fy nisychedu, gan nad oedd pentref arall cyn i mi gyrraedd fy nghyrchfan am y noson. Nid oedd siop yn Nhremeirchion, ond sylwais ar arwydd yn cyfeirio at y Salusbury Arms, tafarn a enwyd ar ôl teulu bonheddig lleol y cyfeirir atynt mewn cerdd gan Shakespeare hyd yn oed. Pylodd fy ngobaith am ddiod yno ar amrantiad wrth i mi gyrraedd a gweld nodyn ar ddrws y dafarn yn dweud wrthyf ei bod wedi cau am weddill yr wythnos. Â'm ceg yn sych grimp a'm calon yn suddo, camais i mewn i noddfa dawel Eglwys Corpus Christi, gan obeithio yn erbyn pob gobaith. Gwelais yn fuan nad oedd yno dapiau na dŵr yn rhedeg yno. Mewn anobaith, crwydrais i mewn i'r gysegrfa, a dyna lle roedd fy ngreal sanctaidd – un botel heb ei hagor o ddŵr ar fwrdd. Gadewais ychydig o arian mân ac ysgrifennu nodyn i egluro ac i ddiolch i'r ficer. Torrodd y botel fach honno o ddŵr fy syched a rhoi i mi'r nerth i gwblhau taith y dydd. Roedd y profiad yn ddigon i'm hatgoffa mor fregus y gall bywyd fod a chymaint yr ydym yn ei ddibynnu ar eraill.

Bwyd, bendigaid fwyd

Y ffaith amdani yw fod fy ymwybyddiaeth o'm hanghenion sylfaenol wedi'i thrawsnewid yn ystod fy nhaith. Yn fuan wedi i mi gychwyn, sylwais ar rywbeth anghyffredin – dechreuodd bwyd a diod flasu'n hollol wahanol. Trawsnewidiwyd hyd yn oed y bwyd symlaf yn wledd oherwydd fy mlinder a'm gorfoledd. Tra'n eistedd ar foncyffion neu gerrig mawr ac yn syllu ar olygfeydd syfrdanol, synnais fod rhywbeth mor syml â resins a dŵr mor anarferol o flasus. Roedd cynhesrwydd y resins yn fy stumog a'u dogn o egni yn destun diolch a llawenydd dyddiol. Roedd yr hyn a ymddangosai unwaith yn gyffredin erbyn hyn yn teimlo fel cynhaliaeth flasus ar gyfer corff ac enaid. Wrth fyfyrio ar ei daith sgïo 58 diwrnod lafurus i Begwn y Gogledd, mae Erling Kagge yn disgrifio, wrth i bob diwrnod blinderus fynd heibio, sut y dechreuodd ei fwyd fod yn fwy amheuthun a blasus. Yn y dyddiau cyn iddo gyrraedd ei gyrchfan, disgrifia flas ei fwyd yn syml fel 'nefolaidd'. Yn ein cymdeithas brysur o ddigonedd, collwn olwg yn aml ar wir werth bwyd a diod. Rydym yn bwyta byrbrydau ar ein traed, yn rhuthro yn ein prysurdeb trwy brydau bwyd, neu yn waeth fyth, yn bwyta'n ddifeddwl o flaen y teledu neu wrth edrych ar ein ffonau. Ond ar bererindod, mae newid rhyfeddol yn digwydd. Mae rhyddid llwyr mewn blasu dim ond yr hyn y mae ei angen arnom, yn hytrach na bwyta'r hyn yr ydym ei eisiau yn ddifeddwl. Mae pob cegaid yn dod yn weithred fwriadol, yn foment i wir werthfawrogi'r maeth a geir.

Mewn sgwrs rhwng Winnie the Pooh a Piglet, maent yn trafod eu meddyliau cyntaf bob bore. Mae'r arth fach yn dweud ei fod yn deffro ac yn meddwl: 'Beth sydd yna i frecwast?' Mae'r mochyn bach yn dweud mai'r hyn y mae ef yn meddwl amdano yn gyntaf yw: 'Os gwn i pa beth cyffrous sy'n mynd i ddigwydd heddiw?' Ar ôl meddwl am ychydig, gofynna Pooh: 'Onid yr un peth yw hynny?' Ar bererindod, fe'n cyflyrir i fwynhau bwyd â syndod a rhyfeddod geiriau rhyddfrydig Pooh. Wrth i ni ail-lenwi ein cyrff a'n meddyliau blinedig, mae ansawdd a blas hyd yn oed bwyd sylfaenol yn ein bodloni mewn ffyrdd na all gorfwyta byth wneud.

Ysgrifennodd yr athronydd Groegaidd Epicurus at ffrind fod 'bara a dŵr yn rhoi'r pleser mwyaf posibl pan ddeuir â hwy at wefusau newynog'. Epicurus oedd y cyntaf i sylwi bod gwir foddhad yn dod pan fyddwn yn osgoi gormodedd. Yn ddiweddarach, adleisiodd meddylwyr Cristnogol a mynachod y doethineb hwn, gan ddysgu bod gormodedd nid yn unig yn pylu ein llawenydd ond hefyd yn ein pellhau oddi wrth y dwyfol. Yn hytrach, wrth flasu hanfodion symlaf bywyd y nesawn at bresenoldeb Duw. Fel y dywedodd Meister Eckhart: 'Nid ydych yn canfod Duw wrth ychwanegu unrhyw beth at eich enaid, rydych yn ei ganfod wrth dynnu pethau i ffwrdd.'

Agwedd o ddiolch

Bob tro yr oeddwn yn bwyta ar bererindod, roeddwn yn gweddïo gweddi o ddiolch am gynhaliaeth, amgylchedd a diogelwch. Yn araf ond yn sicr, daeth diolchgarwch yn gydymaith cyson ar fy nhaith. Mae gan bron bob iaith air am 'diolchgarwch'. Er hynny, mae storm berffaith o dechnoleg, prynwriaeth a materoliaeth wedi digwydd yn y blynyddoedd diweddar sydd wedi ein gogwyddo tuag at fod yn anniolchgar. Fel yr ysgrifenna Rupert Sheldrake:

> Os mai dim ond trefn fecanyddol anymwybodol wedi'i llywodraethu gan gyfreithiau natur penodol parhaus yw'r bydysawd, ac os yw esblygiad yn digwydd trwy rymoedd dall siawns ac angen, ac os yw'r bydysawd yn hollol ddibwrpas, ac os nad oes gan esblygiad biolegol unrhyw ystyr yn y pen draw, yna beth sydd gennym i fod yn ddiolchgar amdano neu iddo?

Ac felly mae ein cymdeithas yn aml yn meithrin y syniad o hawliau yn hytrach na diolchgarwch. Gall y weithred o dalu am rywbeth ein hannog i deimlo ein bod yn ei haeddu, dim ond am fod arian wedi cyfnewid dwylo. Mae technoleg yn mynd â hyn hyd yn oed ymhellach, gan ddadbersonoli ein rhyngweithio a lledu'r bwlch rhyngom ni a chalon ddiolchgar. Byddai aros i fynegi diolch o galon wrth beiriant talu yr ydych yn ei ddefnyddio drosoch eich hun mewn archfarchnad yn debygol o wneud i sawl siopwr arall edrych yn bur ddryslyd arnom!

Un o wir fendithion pererindod yw y gall fod o gymorth i adeiladu cyswllt ystyrlon trwy'r synnwyr dwfn o ddiolchgarwch y mae'n ei feithrin. Mae yna rywbeth mewn diolchgarwch sy'n cydnabod ein bod i gyd wedi'n cydgysylltu ac yn gyd-ddibynnol. Ar hyd y blynyddoedd, mae cymaint o bobl, boed yn gyfeillion, teulu, cydnabod neu ddieithriaid, wedi'n helpu i dyfu a ffynnu mewn pob math o ffyrdd. Yn yr un modd, rydym ninnau ein hunain yn cefnogi ac yn helpu eraill mewn ffyrdd nad ydym yn gwybod amdanynt nac yn eu deall. Mae diolchgarwch yn llifo – llifeiriant o roi a derbyn. Mae'r llif hwn yn hanfodol ar gyfer ffyniant unigolion a chymdeithas. Nid yw'n syndod fod pob un o grefyddau mawr y byd yn cysylltu diolchgarwch â dibyniaeth. Pan fyddwn yn cydnabod ein dibyniaeth, nid yn unig ar eraill, ond ar yr organebau byw dirifedi sydd yn cynnal ein ecosystem ac yn sicrhau ein bod yn goroesi, mae'n naturiol ein bod yn cael ein tynnu tuag at ddiolcharwch dwfn am ffynhonnell eithaf bywyd. Wrth gerdded Taith y Pererin a dilyn camau pererinion dirifedi ar hyd y canrifoedd, teimlwn y meddylfryd greddfol hwnnw o ddiolchgarwch yn fwy nerthol nag erioed o'r blaen.

YR AIL DAITH: TRWY ANAF A THYWYLLWCH

Gollwng gafael

Yn nyddiau cynnar iawn fy nihoeni ar y soffa goch yn ystod fy ail daith, yn teimlo'n ddiobaith ac mewn poen, ni allwn fod wedi teimlo'n bellach oddi wrth y munudau hynny yn ystod fy mhererindod o ddibyniaeth a diolchgarwch i allu uwch. Pan fydd ein bywydau'n syrthio'n ddarnau, gall chwilio am Dduw yn y gweddillion fod yn waith diddiolch. Gall ymddiried yn y Duw hwnnw sy'n teimlo fel ei fod o'r golwg fod hyd yn oed yn fwy o her. Y diwrnod cyn i mi groesi i Enlli, pan oeddwn yn ymweld ag Aberdaron, cofiaf weld un garreg benodol yn y pentwr mawr o gerrig pererinion y tu allan i'r amgueddfa. Gwahoddwyd pererinion i ysgrifennu unrhyw beth yr oedd eu teithiau wedi'i roi ar eu calonnau, ac addurnwyd pob carreg ag ysgrifennu lliwgar. Cyn i mi ysgrifennu fy ngair fy hun ar garreg, edrychais i lawr ar y casgliad o eiriau. Roedd carreg gron fawr ag un gair Cymraeg wedi'i ysgrifennu arni mewn sialc lliw oren yn sefyll allan – *ymddiriedwn*.

Mae llawer ohonom yn ei chael yn anodd gollwng gafael ar ddigwyddiadau a sefyllfaoedd. Fy nhuedd i yw poeni a phendroni ynglŷn â'r gwaethaf a allai ddigwydd. Pan oedd fy mab yn saith oed, cofiaf ei adael mewn gwersyll pêl-droed am y diwrnod. Wedi i ni ffarwelio ac wrth i mi gerdded oddi wrtho, edrychais yn ôl a'i weld yn sefyll ar ei ben ei hun, a'r plant erail yn chwarae o'i gwmpas. Ond nid y darlun arferol o blentyn na ellid ei gysuro yn crio wrth i'w rieni ei adael yn yr ysgol oedd hwn. Yn hytrach, roedd y dagrau yn dod o lygaid ei dad. Ymddangosai'r rhieni eraill yn llawer mwy calonnog wrth adael eu plant. Yn fy meddwl i, fodd bynnag, roeddwn yn gweld fy mab annwyl wedi'i adael yn unig trwy'r dydd. Roedd y pryder yn effeithio ar fy ngwaith, a bu'n rhaid i mi fy rhwystro fy hun rhag gyrru yn ôl i'r ganolfan chwaraeon i achub fy mab rhag y gofid a'r boen y dychmygwn ei fod yn eu hwynebu. Pan es i'w nôl ar ddiwedd y dydd, fodd bynnag, fe'm cyfarchodd yn wên o glust i glust ac yn llawn cyffro wrth iddo rannu storïau am ddiwrnod gwych o bêl-droed a'r holl ffrindiau newydd a wnaeth. Mae gadael i bethau ddatblygu'n naturiol ac ymddiried y bydd popeth yn iawn yn her i gynifer ohonom.

Ein bywydau cyfnewidiol

Fel y môr cyfnewidiol, mae ein bywydau yn symud trwy'r amser. Gall derbyn y gwirionedd hwn ein helpu i'n hangori ein hunain mewn ymddiriedaeth, hyd yn oed pan fydd stormydd a brwydrau yn gwneud i ni deimlo bod ymddiried yn anodd. Bydd adegau pan fydd popeth yn ymddangos yn dawel a ninnau wedi'n bendithio â llawenydd, pleser a dathlu. Ond weithiau bydd stormydd yn rhuo o'n cwmpas a ninnau'n wynebu poen, pryder neu alar. Ychydig fisoedd wedi i mi gerdded Taith y Pererin, a minnau'n gorwedd mewn poen ar fy soffa, daeth un o'm plwyfolion caredig i ymweld â mi a chynnig awgrym nad oeddwn yn ei ddeall ar y pryd: 'Mae angen i chi wynebu eich poen fel yn helfa'r eirth.' Dim ond pan ddewisodd fy mhlentyn ieuengaf *Rydyn ni'n Mynd i Hela Arth* fel ei stori amser gwely ychydig nosweithiau yn ddiweddarach y deallais rywfaint o'r hyn yr oedd hi'n ei feddwl. Yn y llyfr clasurol hwn i blant, rydym yn ymuno â theulu wrth iddynt wynebu amrywiol diroedd heriol tra'n chwilio am arth – coedwig, mwd, gwair hir ac eira. Gyda phob amgylchfyd gwahanol, dywedir wrthym: 'Awn ni byth drosto; Awn ni byth odano; O na! Bydd rhaid i ni fynd drwyddo!'

Weithiau, ni ellir osgoi ein hadegau o boen, anaf neu adfyd. Fel y dywedodd Iesu wrth ei ddisgyblion, weithiau nid oes llwybr arall heblaw codi eich croes (Luc 9:23). Ar yr adegau hynny, mae'n rhaid i ni wregysu ein lwynau (Job 40:7, Beibl William Morgan) ac wynebu ein caledi. Ni allwn fod fel chwaraewyr rygbi, yn ochrgamu ein gwrthwynebwyr yn fedrus. Yn hytrach, fe'n gorfodir gan ein hamgylchiadau i fod fel chwaraewyr pêl-droed Americanaidd, yn wynebu ein gwrthwynebwyr benben trwy ruthro i mewn iddynt. I Gristnogion, fodd bynnag, nid derbyn ein tynged yn oddefol yw hyn. Yn hytrach, rydym yn ymddiried y gallwn ddibynnu ar Dduw yn ystod y munudau tywyllaf. Mae ymddiriedaeth o'r fath yn mynnu ein bod yn ildio ein hangen i reoli digwyddiadau neu bobl. Rydym yn ein rhoi ein hunain drosodd i rywbeth mwy a godidocach. Trwy wneud hynny, a defnyddio termau'r diwinydd Hans Von Balthasar eto, rydym yn diosg ein *egodrama* ac yn croesawu'r *theodrama*.

Bu dysgu ymddiried yn gymorth i mi drawsnewid fy meddyliau pryderus. Ymddangosai'n eironig nad oedd yr ymddiriedaeth newydd hon wedi'i sylfaenu ar unrhyw adferiad yr oeddwn yn gobeithio y byddai'n digwydd yn y dyfodol. Yn hytrach, roedd wedi'i gwreiddio yn ymdrechion fy mrwydr ddyddiol. Golygai ymddiried bod Duw yn bresennol yn y broses yn hytrach na'r canlyniad – ei fod yn cerdded wrth fy ochr ar y daith, nid yn aros amdanaf ar ben y daith. Dechreuais sylwi ar gipolygon o lawenydd a gras Duw yn torri trwy'r boen a'r rhwystredigaeth a'u gwerthfawrogi, fel pelydrau o oleuni yn y tywyllwch. Roedd hyn yn iachâd mor bwerus ag a allai unrhyw feddyginiaeth gorfforol ei gynnig. Fel y dywed yr hen ddihareb: 'Weithiau mae Duw yn tawelu'r storm, ond weithiau mae Duw yn tawelu'r llongwr.'

Derbyn y deyrnas fel plentyn

Roedd yr ail bererindod hon, fodd bynnag, hefyd yn fy atgoffa yn gignoeth ac yn angerddol o fy nibyniaeth lwyr ar bobl eraill yn fy mywyd. Mae ymddiriedaeth a dibyniaeth wedi'u plethu i ddeunydd bywyd o'r dechrau un. O'r eiliad y byddwn ar fron ein mam, byddwn yn reddfol yn ymddiried bod maeth yn mynd i ddod ac y bydd llaeth a fydd yn cynnal ein bywyd yn llifo. Mae'r hiliogaeth ddynol yn anghyffredin yn yr ystyr fod ganddynt gyfnod hirach o ddatblygu yn dilyn eu genedigaeth, sy'n caniatáu datblygiad ymenyddol a chymdeithasol mwy cymhleth. Mae hyn yn gadael plant yn ddibynnol ar oedolion am rai blynyddoedd, boed hynny ar gyfer bwydo, diogelwch, cysgod, gofal neu gefnogaeth.

Hyd yn oed pan fyddwn yn tyfu'n oedolion, nid yw ein dibyniaeth ar eraill yn darfod. Yn holl fanylion ein bywydau, rydym yn dal i ddibynnu'n sylfaenol ar eraill – am ein bwyd, dillad, gofal meddygol, cartrefi, nwyddau ac yn y blaen. Mae hyn yn digwydd bob dydd, ond mae gwaeledd ac anabledd yn dwysáu ein dibyniaeth. Wrth i mi gerdded trwy dir diffaith poen, daeth yn amlwg yn fuan fod hyd yn oed y tasgau symlaf y tu hwnt i mi, gan fy ngadael yn methu dibynnu ar fy nerth fy hun. Roedd fy ngwraig, Sandra, a hyd yn oed fy mhlant ifanc, yn fy helpu gyda thasgau sylfaenol, megis rhoi fy sanau am fy nhraed neu gau careiau fy esgidiau. Roedd yn anodd i mi ddeall a derbyn yr effaith yr oedd y sefyllfa hon yn ei chael arnynt. Un tro, wrth i mi ddeffro ar ôl bod yn cysgu yn ystod y dydd ar fy soffa goch, teimlais law fach yn ymestyn y tu mewn i gefn fy nghrys-t a chlywais fy mab pedair oed yn sibrwd: 'Arglwydd Iesu, os gweli di'n dda wnei di wneud cefn dadi'n well.'

Mae gan lwyth o Ddwyrain Affrica, y Kikuyu, arferiad o roi babanod newydd-anedig mewn basged y tu allan i'w cartref fel y gall yr hynafgwyr gerdded heibio a'u bendithio. Nid oes geiriau i gyd-fynd â'r fendith. Yn lle hynny, mae pob oedolyn yn y gymuned yn cerdded heibio ac yn poeri ar y bychan. Gall hyn ymddangos braidd yn frawychus, ond fe'i gwneir er mwyn cydnabod bod yr holl bentref yn rhan o fagwraeth y plentyn o'i enedigaeth. Bydd y ddibyniaeth ar eraill yn para nes bydd yn oedolyn, gan ein bod nid yn unig yn helpu eraill yn eu hangen ond hefyd yn croesawu help gan eraill.

Mae Jane Goodall yn adrodd stori am adar yr awyr yn dadlau pwy allai ddringo uchaf. Roedd yr eryr ysblennydd yn hyderus mai ef fyddai'n ennill. Hedfanai yn araf ac yn gyson, yn uwch ac yn uwch, gan godi uwchben ei gyfeillion pluog. Yn y man, ni allai hedfan ddim uwch a theimlai'n fuddugoliaethus. Y foment honno, bachodd dryw bach oedd wedi cuddio ar ei gefn ymhlith ei blu hardd ar y cyfle i ledu ei adenydd a hedfan ychydig yn uwch, ac felly cipio'r goron oddi ar yr eryr. Mae pob un ohonom, meddai Goodall, fel y dryw bach hwnnw. Rydym yn ddyledus i eraill, boed hynny trwy'r addysg a roddant, eu caredigrwydd neu eu haberth, am bopeth ydym ni, popeth a gyflawnwn, pob rhyddid sydd gennym a phob dawn sy'n eiddo i ni.

Mae'r eryr ers amser hir wedi bod yn arwydd o gryfder a nerth ysbrydol ac, yn yr Hen Destament, mae'n cynrychioli gofal cariadlon Duw am ei bobl (gweler Exodus 19:4). Ceir hefyd yn y Beibl ddarlun o'r eryr yn cludo ei gywion ar ei esgyll (Deuteronomium 32:11). Gellir, felly, deall stori Goodall fel ei bod am fwy na'n dibyniaeth ar ein cyd-fodau dynol. Mae'n ddelwedd bwerus a chalonogol o ddiogelwch ac o'n dibyniaeth ar Dduw a'n hymddiriedaeth ynddo. Caiff pob un ohonom ein cludo a'n cynnal gan nerth Duw. Mae hyn yn arbennig o wir pan fyddwn yn wynebu adfyd a dioddefaint. Mae'n darparu egni pan fyddwn yn flinedig, cryfder pan fyddwn yn suddo a gobaith pan fyddwn yn ddiymgeledd.

Bywyd fel rhodd

Er gwaethaf poen a gofid fy ail bererindod, dechreuais edrych ar fywyd fel rhodd werthfawr. O'r foment yr anadlodd Duw yn ffroenau Adda (Genesis 2:7), mae popeth ynglŷn â'n bodolaeth wedi bod yn rhodd i ni. Yn wir, gellir dweud bod 'rhoi' yn ganolog i gymeriad trindodaidd Duw. Mae rhai diwinyddion yn darlunio'r Drindod fel cariad sy'n rhoi-a-derbyn yn dragwyddol, gyda'r Tad yn rhoi i'r Mab, y Mab yn derbyn a'r Ysbryd Glân yn dychwelyd i'r Tad. Cyflwyna Miroslav Volf batrwm mwy cymunedol a chytûn – gyda phob un o'r tri pherson dwyfol yn rhoi, yn derbyn ac yn dychwelyd yn dragwyddol: 'Nid yw un yn rhoi yn gyntaf, gyda'r canlyniad y byddai'r lleill yn ddyledus iddo, ond mae pob un yn rhoi yn y cylch symudol tragwyddol o gyfnewid.' Felly, mae rhoi wrth graidd natur Duw, gyda phob person o'r Drindod yn tywallt cariad yn ddiddiwedd i'w gilydd.

Mae'r cylch tragwyddol hwn o roi yn ffurfio sylfaen ein perthynas ni ein hunain â Duw. Wrth graidd hyn y mae rhodd anhaeddiannol a diamod Duw o gariad. Wedi'r cyfan, mae'r gair 'gras' yn gyfieithiad o un o'r geiriau Groeg am 'rhodd' (*charis*). 'Cyn seilio'r byd, fe'n dewisodd yng Nghrist i fod yn sanctaidd ac yn ddi-fai ger ei fron mewn cariad. O wirfodd ei ewyllys fe'n rhagordeiniodd i gael ein mabwysiadu yn blant iddo'i hun trwy Iesu Grist, er clod i'w ras gogoneddus, ei rad rodd i ni yn yr Anwylyd,' ysgrifenna'r apostol Paul (Effesiaid 1:4–6). Gwelai Karl Marx y cysyniad o rad ras fel rheswm allweddol dros wrthod Cristnogaeth, gan ei weld yn ddiraddiol a llethol. Iddo ef, roedd y syniad o ddibynnu ar Dduw yn tanseilio annibyniaeth dynolryw: 'Mae dyn sy'n byw trwy ras un arall yn ei ystyried ei hun yn fod dibynnol.' I Marx, roedd gwir ryddid dynol yn gofyn am dorri'n rhydd oddi wrth ddibyniaeth ac felly dysgu sefyll ar ein pennau ein hunain.

Nid oes, fodd bynnag, ddim sy'n bychanu na gorfodi ynglŷn â gras Duw. Y mae'n rhyddhaol yn ogystal â bod yn radical. Mae gras yn mynd y tu hwnt i'r ffordd weithrediadol o edrych ar y byd sydd wedi diffinio ein bywydau am ganrifoedd lawer ac sy'n mynd yn groes i'r duedd gyfoes i ddelfrydu annibyniaeth. Mae cymdeithasau goludog yn tueddu i fethu amgyffred rhyfeddod rhad ras. Nid oes arnom eisiau llawer o ddim, ac rydym yn ein diffinio ein hunain trwy ein henillion ac yn rhoi gwerth ar lwyddiant annibynnol a'n gallu ni ein hunain i lwyddo. Ac eto, gwir ryfeddod rhoddion Duw yw na allawn wneud dim i'w haeddu na'u hennill. Darluniodd y diwygiwr Martin Luther roddion Duw yn llifo i lawr tuag atom i un cyfeiriad, fel dŵr yn rhedeg i lawr ochr y mynydd. 'Mae cariad Duw yn llifo ymlaen ac yn gwneud daioni,' meddai. Nid yw Duw yn rhoi er mwyn derbyn clod, mawl na diolch. Nid oes ynddo 'hunan-geisio sanctaidd' fel y dywed Karl Barth. Yn hytrach, mae'n rhoi yn rhydd ac yn helaeth oherwydd fod hynny'n sylfaenol yn ei gymeriad.

I Gristnogion, mae ymateb i roddion Duw yn dechrau â cham cyntaf hanfodol – derbyn ei ras. Nid â balchder neu hunanddibyniaeth y gwneir hyn ond mewn gwyleidd-dra llawen a disgwylgar. Ni allai bod â thad anabl ac isel ei ysbryd mewn cyfnod mor ffurfiannol yn ei fywyd fod wedi bod yn hawdd i'm mab pedair oed. Penderfynais roi anrheg annisgwyl iddo am fod arnaf eisiau dangos fy niolchgarwch am ei amynedd a'i gefnogaeth. Fe'i rhoddais i eistedd ar ei wely a gofyn iddo ddal ei ddwylo allan i gael anrheg arbennig. Roeddwn ar fin rhoi ychydig o becynnau o'r cardiau pêl-droed yr oedd mor hoff ohonynt yn ei ddwylo bach pan ganodd fy ffôn – fy esgob oedd yn galw. Euthum allan o'r ystafell i ateb yr alwad ffôn, gan ddisgwyl y byddwn yn ôl mewn munud, ond fe aeth yn ddeng munud. Pan ddychwelais o'r diwedd i ystafell fy mab, parodd yr hyn a welais i mi sefyll yn stond. Roedd yn eistedd yno, yn union lle y gadewais ef, â'i lygaid ynghau, ei freichiau yn ymestyn o'i flaen a'i ddwylo yn agored. Roedd yn aros yn amyneddgar a'i wyneb yn disgleirio â chyffro disgwylgar. Dangosodd yr ystum hwn o dderbyngarwch disgwylgar, gwylaidd i mi sut y mae angen i Gristnogion fod wrth iddynt dderbyn rhoddion Duw. Roedd y geiriau 'cardotwyr ydym, mae hynny'n wir' wedi'u hysgrifennu ar ddarn o bapur a ganfuwyd ym mhoced y diwygiwr Martin Luther pan fu farw. Nid, fodd bynnag, trwy bledio goddefol y dylem dderbyn rhoddion Duw. Yn hytrach, mae angen i ni fod yn llawen wrth ddisgwyl am y bendithion y mae'n eu tywallt drosom.

Mae Miroslav Volf, fodd bynnag, yn ein rhybuddio rhag gweld Duw fel 'ein Sion Corn nefol'. Nid yw yn rhoi ei fendithion i ni dim ond er mwyn i ni deimlo'n dda, cyflenwi ein dymuniadau na datrys ein problemau. Mae rhoddion Duw yn gosod gofynion arnom hefyd. Dyma'r ail gam yn ein hymateb i ras Duw – yn gyntaf rydym yn derbyn, ac yna rydym yn ei dalu ymlaen. Efallai nad yw Duw yn disgwyl derbyn unrhyw beth yn ôl, ond, oherwydd union natur gras, ni allwn wneud dim ond cael ein hysbrydoli gan ei rodd. 'Mae'r gwir Dduw yn rhoi fel y gallwn ddod yn rhoddwyr llawen,' ysgrifenna Volf, 'ac nid dim ond yn dderbynwyr sydd wedi ymgolli ynom ein hunain.'

Mae canolbwynt y Diwygiad Protestannaidd ar 'gyfiawnhad trwy ffydd yn unig' yn aml wedi ein gwneud yn wyliadwrus ynglŷn â phwysleisio pwysigrwydd ein gweithredoedd. Ac eto, mae gweithredoedd cariadlon yn llifo'n naturiol o wir ffydd – hwy yw ei thystiolaeth fyw, anadlol. Nid yw Cristnogion fel plant sy'n celcio melysion yn eu pocedi ac yn gwrthod rhannu. Yn hytrach, ein hymateb naturiol i rad ras Duw yw gogoneddu'r rhoddwr trwy fyw y ddau orchymyn mawr – caru Duw a charu eraill. Mewn geiriau eraill, mae rhoddion helaeth Duw yn ein hysbrydoli ninnau i fod yn drugarog, yn garedig ac yn hael yn ein bywydau ein hunain.

AR EIN TEITHIAU

Ei dalu ymlaen

Felly, yr alwad ar y Cristion yn ein teithiau i gyd yw adlewyrchu'r broses dragwyddol, drindodaidd o roi a derbyn. Mae Duw yn rhoi i ni er mwyn ein helpu i ffynnu. Yn ein tro, down ninnau yn 'aberth byw' (Rhufeiniaid 12:1) wrth i ni roi i eraill i gefnogi a meithrin eu ffyniant hwythau. Yn *The Lion, the Witch and the Wardrobe* gan C.S. Lewis, mae pob plentyn yn derbyn anrheg arbennig gan Sion Corn pan ddychwela i Narnia ar ôl blynyddoedd o absenoldeb. Ond daw yn amlwg nad ar gyfer y plant eu hunain y mae'r anrhegion hyn. Yn hytrach, mae pwrpas mwy iddynt, gan ddod yn fendithion i eraill fel sianelau o ras Duw. Daw corn Susan yn achubiaeth i Lucy pan ymosoda blaidd arni. Galluoga cleddyf a tharian Peter ef i ddod â rhyddid a heddwch i Narnia. Mae cordial Lucy, gyda'i briodweddau iachaol, yn achub llawer o fywydau, gan gynnwys bywyd ei brawd Edmund, sydd ar fin marw. Yn yr un modd, gelwir arnom ninnau i fod yn sianelau ar gyfer y rhoddion y mae Duw yn eu rhoi i ni. Mae hyn yn wir nid yn unig am y rhodd o'i ras, sy'n ein hysbrydoli i garu eraill, ond hefyd am y rhoddion personol, unigryw y mae'n ein bendithio â hwy. Boed yn feddiannau materol, yn briodweddau anghyffwrdd fel creadigrwydd a doethineb, neu ddoniau fel gallu mewn celf neu athletau, gall y rhoddion hyn lifo trwom i fendithio eraill. 'Derbyniasoch heb dâl, rhowch heb dâl,' meddai Iesu wrth ei ddisgyblion (Mathew 10:8).

Gall y syniad o 'dalu rhoddion ymlaen' fod yn anghyfarwydd i ni yn y gorllewin, lle mae derbyn rhodd yn aml yn golygu ei gadw yn ddiolchgar. Er hynny, mewn llawer diwylliant ledled y byd, mae moeseg cyfnewid rhoddion yn drawiadol o wahanol ac wedi'i wreiddio yn y disgwyliad bod rhoddion yn cael eu rhannu a'u bendithion yn cael eu lluosogi. Mae'r adolygydd diwylliannol Lewis Hyde wedi ymchwilio i'r traddodiad brodorol yn America o dalu rhoddion ymlaen. Yn ôl yr arfer yno, ni fwriedir i roddion gael eu cronni. Yn hytrach, er mwyn sicrhau bod y cylch o haelioni yn parhau, bydd rhodd naill ai yn cael ei rhoi ymaith neu yn cael ei chadw yn lle rhywbeth tebyg o ran gwerth fydd yn cael ei roi i rywun arall. Mae Hyde yn cymharu hyn â'r ffordd y gall pêl filiards stopio wrth iddi anfon pêl arall i sgrialu ar draws y ffelt, a'i momentwm wedi'i drosglwyddo. Mewn geiriau eraill, mae rhoddion yn dal i fynd a mynd, gan ddod â llawenydd i lawer o bobl.

Ceir traddodiadau tebyg ynglŷn â rhoddion mewn diwylliannau eraill, ac y mae straeon gwerin o lwyth yr Uduk yng ngogledd-ddwyrain Affrica i'r Celtiaid yn Ucheldiroedd yr Alban yn ein dysgu y bydd y rhai nad ydynt yn talu rhoddion ymlaen yn cael eu cosbi. Dylid edrych, felly, ar roi fel afon sy'n llifo'n gyson, a'r her i ni yw dod yn sianelau ar gyfer ei llifeiriant. 'Pan fydd rhywun yn ceisio gosod argae ar draws yr afon,' meddai Hyde, 'bydd un o ddau beth yn digwydd: naill ai bydd yn aros yn llonydd ac yn pydru'n dawel, neu bydd yn llenwi'r person nes y bydd yn byrstio.'

Felly, nid ni ein hunain ddylai fod yn ben y daith i roddion Duw. Mae Duw yn rhoi fel ein bod ni yn parhau'r rhoi trwy fyw ei gariad a'i dangnefedd yn ein bywydau bob dydd. Gall hyd yn oed y bobl fwyaf bregus a thoredig efelychu Crist (Effesiaid 5:1) a bydd ei gariad yn amlwg yn eu bywydau. Mae pethau da yn llifo i mewn i ni oddi wrth Dduw ac, fel y dywedodd Martin Luther, 'Mae'r pethau da hynny yn llifo ohonom ni i'r rhai y mae eu hangen arnynt.' A gallai fod wedi ychwanegu bod y llif yn parhau wrth i eraill 'ei dalu ymlaen' trwy eu trugaredd a'u gofal hwythau am eraill.

Diolchgarwch yn torri trwy galedi

Mae cam arall yn ein hymateb i'r rhoddion y mae Duw yn eu rhoi i ni – diolchgarwch. Mae'r anthropolegwr Marcel Mauss yn disgrifio diolchgarwch fel 'gwrth-rodd' naturiol, rhywbeth yr ydym yn teimlo bod yn rhaid i ni ei roi yn ôl. Gan ehangu ar y syniad hwn, awgryma Elizabeth Oldfield fod pwyslais Martin Luther ar natur gras fel rhywbeth a roddir yn rhad wedi achosi i ni fethu gweld gwirionedd pwysig – bod math o ddwyochredd hyd yn oed mewn gras. Nid bod rhoddion Duw i ni yn ymwneud â chyfnewid gweithrediadol. Maent, fodd bynnag, yn ysbrydoli ymateb o ddiolchgarwch – cydnabyddiaeth ddofn, dwymgalon o'r cariad a dderbyniasom. Dyma, yng ngeiriau Oldfield, yw 'technoleg ysbrydol anhygoel o bwerus – gwrthgyffur i gyfaddasiad hedonaidd'.

Mae diolchgarwch o'r fath wrth graidd ein dibyniaeth ar Dduw, hyd yn oed yng nghanol poen a chaledi. Daeth Kierkegaard i ddeall arwyddocâd dwfn diolchgarwch yn y bywyd Cristnogol trwy brofiad eithriadol o ddirdynnol a ailffurfiodd ei ffydd a'i safbwynt. Yn 1841, torrodd ei ddyweddïad â'i gariad Regine Olsen a hunllef iddo oedd cofio ei geiriau olaf wrth iddo gerdded i ffwrdd: 'Felly, rwyt ti wedi chwarae gêm ofnadwy gyda fi.' Yn ddiweddarach yn ei fywyd daeth i sylweddoli bod Regine yn rhodd werthfawr gan Dduw nad oedd wedi ei gwir werthfawrogi. Trawsnewidiodd y datguddiad hwn ef, a chysegrodd weddill ei fywyd i groesawu rhoddion Duw â diolch a gwyleidd-dra. Er mwyn ei atgoffa'i hun o'r ymrwymiad dwfn hwn, ac er bod Regine wedi priodi dyn arall, trefnodd i'w modrwy dyweddïo gael ei hailgastio fel croes o ddiamwntiau a wisgodd hyd y dydd y bu farw. Pan fu farw yn gynamserol yn 42 oed, gadawodd ei holl ystâd i'w gyn-ddyweddi.

Efallai fod y stori hon o dor calon a cholli cariad yn ymddangos fel petai'n ddiobaith. Edrychai Kierkegaard ei hun, fodd bynnag, ar ei dristwch yn rhyfeddol o ddirfodol. Wrth fyfyrio ar ei daith bywyd, daeth i'r casgliad fod llawenydd wedi'i gysylltu yn gywrain â dioddefaint. Cyfeiriodd ato'i hun, yn baradocsaidd, fel 'dyn eithriadol o anhapus sydd, er hynny, gyda chymorth Duw, wedi'i fendithio yn annisgrifiadwy'. Mae'n sicr na ddylem orfoleddu mewn dioddefaint na'i geisio. Nid oes dim i'w ddathlu yn natur difaddeuant a llwm cystudd. Ond, yn debyg i Kierkegaard, mae fy nhaith innau trwy boen, pryder ac anabledd wedi fy nysgu bod rhywbeth mewn dioddefaint a all ein harwain tuag at ddiolchgarwch beunyddiol. Yn yr ystyr hwn y gallai Aleksandr Solzhenitsyn ysgrifennu am ei amser dychrynllyd mewn Gulag Sofietaidd: 'Gorweddwn yno ar wellt pydredig y carchar... porthais fy enaid yno, a dywedaf heb betruso: Bendith arnat, garchar, am i ti fod yn fy mywyd.' Roedd Solzhenitsyn, wrth gwrs, yn elwa o fedru edrych yn ôl ar ei ddioddefaint o gyfnod diweddarach. Mewn gwirionedd, mae bod yn ddiolchgar yn ystod cyfnodau o boen a dioddefaint yn arbennig o ddyrys. Pan fyddwn yn cael popeth yr ydym yn ei ddymuno, mae diolch a mawl yn hawdd. Mae bod yn ddiolchgar pan fyddwn yn brifo yn llawer mwy heriol. Mae'r ysgrythur, fodd bynnag, yn erfyn ar y ffyddloniaid: 'Ym mhob dim rhowch ddiolch, oherwydd hyn yw ewyllys Duw yng Nghrist Iesu i chwi' (1 Thesaloniaid 5:18).

Mae'r awdur Elisabeth Elliot yn awgrymu mai diolchgarwch yw'r nodwedd a ddylai ddiffinio Cristnogion yn y byd heddiw. Yn hytrach na chanolbwyntio ar yr hyn sydd gennym neu nad oes gennym, mae hi'n herio credinwyr i feithrin ysbryd o ddiolchgarwch. Er nad oedd dioddefaint yn ddieithr iddi hi ei hun, mae ei bywyd yn adleisio'r meddylfryd hwn. Lladdwyd ei gŵr cyntaf yn drychinebus gan y llwyth Auca yn Ecuador, a bu ei hail ŵr farw o gancr yn fuan wedi iddynt briodi. Er hynny, penderfynodd Elliot symud gyda'i merch fach i fforestydd glaw Ecuador i fyw ymhlith y llwyth a lofruddiodd ei gŵr. Mae hwn yn ymddangos yn symudiad syfrdanol, ond ysgrifennodd yn ddiweddarach fod y llwyth hwn wedi datgelu gwir ystyr diolchgarwch i'w theulu, hyd yn oed ymhlith trafferthion o ddydd i ddydd. Yn rhyfeddol, mae'n cydnabod bod ei merch wedi cael rhodd anghyffredin gan yr un llwyth ag a gymerodd fywyd ei gŵr yn drychinebus. Y rhodd, na fyddai o bosibl wedi ei chanfod yn y byd gorllewinol, oedd diolchgarwch angerddol, parhaol am fendithion syml bywyd bob dydd.

Croesawu gras diolchgarwch

Yn ystod fy mrwydr a'm hadferiad fy hun, parheais â'r arfer a ddechreuais ar bererindod o ddweud 'gras' cyn bwyta unrhyw fwyd. Mae'r gair 'gras' yn yr ystyr hwn nid yn unig wedi'i gysylltu â chariad diamod ac anhaeddiannol Duw ond hefyd yn dod o'r enw Lladin *gratia*, sy'n golygu 'diolchgarwch'. Mae diflaniad graddol gweddi cyn bwyta yn ein cymdeithas, heb sôn am lai o ddiddordeb yng ngŵyl y Cynhaeaf, wedi ein pellhau oddi wrth ein diolchgarwch i Dduw ac i eraill. Wrth i ni dderbyn mewn gras, dywedwn 'gras' yn ôl ac, wrth wneud hynny, cydnabyddwn ein dibyniaeth ar Dduw ac ar bobl eraill sydd ynghlwm yn y gadwyn o lafur sy'n rhoi bwyd ar ein platiau.

Dim ond un ffordd, fodd bynnag, o feithrin agwedd o ddiolchgarwch yn ein bywydau yw'r arfer o ddweud 'gras' o flaen prydau bwyd. Mae ffyrdd eraill yn cynnwys cadw dyddiadur diolchgarwch, treulio moment ddadansoddol o fyfyrdod tawel ar ddiwedd pob dydd, neu gynnwys diolchgarwch yn ein perthynas ag eraill trwy ddiolch i bobl mewn sgwrs neu mewn galwadau ffôn a negeseuon testun. Gall cynnwys arferion yn ein bywydau wneud diolchgarwch yn rhan naturiol a pharhaol o'n persbectif. Yr allwedd yw ymarfer diolchgarwch yn ddyddiol. Fel manna yn yr anialwch, mae ein rhoddion yn cyrraedd o'r newydd bob dydd, hyd yn oed yn ystod ein treialon, ac felly maent yn mynnu ein sylw a'n gwerthfawrogiad parhaus.

Mae astudiaethau academaidd yn gyson wedi datgelu budd cynnwys arferion diolchgarwch o'r fath. Mae'r rhai sy'n gwneud diolchgarwch yn rhan naturiol a pharhaol o fywyd dyddiol, ar gyfartaledd, yn hapusach ac yn fwy bodlon na'r rhai nad ydynt yn gwneud hynny. Nid ydynt chwaith mor isel eu hysbryd, maent yn fwy hael ac mae ganddynt fwy o bwrpas yn eu bywydau. Mae diolchgarwch yn deimlad pwerus sy'n ein tynnu i ffwrdd oddi wrth faglau hunanddigonolrwydd ac ymgolli ynom ein hunain. Mae'n ein helpu i gydnabod ein dibyniaeth ar eraill ac i sylweddoli nad yw'r hyn sydd gennym mewn bywyd yn cael ei ennill gan ein hymdrechion ein hunain ond yn cael ei roi yn raslon.

Mae'r athronydd Michael Sandel yn awgrymu bod adleisiau yn y diwylliant meritocrataidd sy'n bodoli heddiw o drafodaeth Augustine-Pelagius yn y bedwaredd ganrif ynglŷn ag a yw iachawdwriaeth wedi'i gwreiddio mewn gras neu mewn ymdrech ddynol. Gan feirniadu 'gormes haeddiant' sy'n rheoli'r gymdeithas gyfoes, mae Sandel yn dadlau bod ein balchder unigolyddol yn ein hargyhoeddi ein bod yn llawn haeddu yr hyn sydd gennym. Mae'n galw felly am adfer 'dyled i'n gilydd', gan ein hannog i hyrwyddo gwyleidd-dra a diolchgarwch am y rhoddion o deulu, cymuned a gwlad.

Wrth i ddiolchgarwch dyfu yn ein bywydau, rydym yn dechrau sylweddoli mor ddibynnol ydym ni ar gynifer o bobl mewn cymaint o wahanol ffyrdd. Mae cydnabod ein dibyniaeth *ar* eraill yn ein hysbrydoli i ymestyn allan *at* eraill. Mae bywyd, wedi'r cyfan, yn gydbwysedd hardd o dderbyn a rhoi. Yn dilyn ei ddiagnosis o ganser, ac yntau yn wynebu ei ychydig fisoedd olaf, myfyriodd yr awdur a'r niwrolegydd Oliver Sacks ar ei fywyd. Wrth gydnabod cydgysylltiad dwfn bodolaeth dynolryw, ysgrifennodd am y llif cyson o ddibyniaeth yn ei orffennol – roedd adegau pan fu iddo ef bwyso ar eraill, yn union fel y bu adegau pan fu i eraill bwyso arno yntau. Daeth i'r casgliad: 'Fy nheimlad pennaf yw diolchgarwch. Rwyf wedi caru a chael fy ngharu. Derbyniais lawer ac rwyf wedi rhoi rhywbeth yn ôl.'

Yn ein diolchgarwch am yr hyn yr ydym ni wedi ei dderbyn gan eraill, yn naturiol rydym yn rhoi yn ôl, a hynny yn aml heb hyd yn oed sylweddoli yr effaith ddofn a gaiff ein cyfraniadau ar fywydau'r rhai sydd o'n cwmpas. Yn y ffilm o 2002 *About Schmidt*, mae'r cymeriad eponymaidd, a chwaraeir gan Jack Nicholson, yn treulio'r holl ffilm yn ymboeni am ei ddiffyg arwyddocâd. Mae'n holi a yw ei fywyd wedi bod o unrhyw bwys o gwbl, ac mae wedi'i argyhoeddi y bydd yn fuan iawn fel pe na byddai erioed wedi bodoli. Yn yr olygfa derfynol deimladwy, fodd bynnag, mae Schmidt yn agor llythyr gan Ndugu, plentyn chwech oed o Tanzania y mae wedi bod yn ei noddi ac yn ysgrifennu ato. Mae'r plentyn yn dweud wrtho cymaint y mae wedi gwerthfawrogi ei lythyrau a'i gefnogaeth ariannol. Er nad ydynt erioed wedi cyfarfod, mae hefyd yn cynnwys llun syml wedi'i wneud â chreonau ohono'i hun yn gafael yn llaw Schmidt ar ddiwrnod heulog. Mae'r dagrau yn dechrau llifo o lygaid Schmidt sydd fel arfer yn neilltuedig a thawedog, wrth iddo sylweddoli ei fod yn rhan o gariad rhoi-a-derbyn sydd wedi cyfoethogi bywydau y ddau ohonynt. Mae hawliau ac anniolchgarwch yn ein torri i ffwrdd oddi wrth y llif grymus hwn. Pan fyddwn yn cadarnhau ac yn rhannu'r llif hwn o gariad, fodd bynnag, gallwn godi ein cymunedau, ysbrydoli ein cymdeithas a chyfoethogi ein bywydau ein hunain â gwell iechyd, hapusrwydd a boddhad.

Mae'r broses hon yn magu ystyr ddyfnach a mwy angerddol pan fyddwn yn adnabod ffynhonnell sylfaenol pob rhodd – rhywun yr ydym yn dibynnu'n llwyr arno ac sy'n rhoi i ni am ei fod yn ein caru. Er na ellir gwadu manteision emosiynol a seicolegol diolchgarwch, mae rhywbeth hanfodol ar goll heb bresenoldeb mwy i ni gyfeirio ein diolch ato. Fel y dywed yr awdur agnostig Douglas Coupland: 'Rydw i angen Duw, oherwydd heb Dduw ni fedraf ddweud "diolch" wrth neb, heb Dduw ni fedraf ddweud wrth neb fod yn ddrwg gennyf, heb Dduw ni allaf garu yn gywir.' Gall gwahaniaethu rhwng diolchgarwch (*gratitude*) a diolch (*thankfulness*) fod yn ddefnyddiol. Gwethfawrogi *beth* ydym wedi'i dderbyn yw diolchgarwch, tra bo diolch yn cyfeirio'r gwerthfawrogiad hwnnw at *bwy* a'i rhoddodd. Yn y ffordd hon, i Gristnogion, mae diolchgarwch yn naturiol yn dyfnhau i fod yn ddiolch, gan ein cysylltu â'r rhoddwr mwyaf. 'Mae'r rhodd,' meddai'r diwinydd Graham Tomlin, 'yn dod yn rhywbeth mwy cyfoethog – arwydd o gariad mwy, gwirionedd dyfnach y tu ôl i'r rhodd ei hun.'

Trwy ymdrech fy ail bererindod, darganfûm fod cyfeirio fy niolch tuag at Dduw yn goleuo conglfaen terfynol fy nhaith ymhellach – gobaith. Nid dim ond teimlad gwibiol oedd y gobaith hwn. Dyma'r graig a angorodd fy nwy bererindod, gan fy nal yn gadarn trwy bob cam. Wrth i mi ymrafael â phoen, yn suddo i gysur cyfarwydd fy soffa goch, eisteddodd ffrind wrth fy ochr a dweud geiriau a fydd am byth yn cysylltu diolchgarwch a gobaith yn fy nghalon. Arhosodd eu doethineb gyda fi ymhell y tu hwnt i'm hadferiad. 'Edrych yn ôl a diolch i Dduw,' meddai; 'edrych ymlaen ac ymddirieda yn Nuw.'

AMSER I FYFYRIO

- Pa mor ddwfn y mae diolchgarwch wedi'i blethu i'r teithiau yr ydych arnynt yn awr?

- Pa arferion syml a allai eich helpu i fod yn fwy ymwybodol o'r rhoddion y mae Duw wedi'u rhoi i chi a'r cariad y mae eraill wedi'i ddangos tuag atoch – fel neilltuo amser i fyfyrio, cofnodi adegau o ddiolchgarwch yn ysgrifenedig neu ddweud gweddi dawel o ddiolch bob dydd?

- Sut y gallai eich diolchgarwch lifo tuag allan trwy gynnig eich amser, anogaeth neu bresenoldeb i gefnogi eraill ar eu llwybrau eu hunain?

6
Gobaith

Mae pererindod yn bod er mwyn ein helpu i gofio'r dirgelion
y bu i chi eu hanghofio gartref.
Phil Cousineau, gwneuthurwr ffilmiau

Nid anfantais yw ein profiadau poenus – rhodd ydynt.
Maent yn rhoi golwg newydd ac ystyr,
cyfle i ganfod ein pwrpas unigryw a'n nerth.
Edith Eger, goroeswr holocost

Y DAITH GYNTAF: TAITH Y PERERIN

Dod i'r diwedd

Awgrymodd y nofelydd Rwsiaidd Ivan Turgenev unwaith y dylai pawb ysgrifennu hanes eu bywyd cyn gadael y byd hwn. Aeth fy nain beth o'r ffordd tuag at wneud hynny, gan adael i ni ddyddiaduron mewn llawysgrifen gain yn llawn o straeon cyfareddol am ei hieuenctid. Mae'n debyg mai ysgrifennu'r llyfr hwn fydd yr agosaf y dof at fy hunangofiant. Er hynny, dim ond blwyddyn o'm hanner canrif ar y blaned hon a gofnodir, moment wibiol yng nghynllun mawr pethau. Yr oedd, fodd bynnag, yn flwyddyn a'm hailffurfiodd yn sylfaenol, gan fy herio mewn ffyrdd annisgwyl – yn gorfforol, yn emosiynol ac yn ysbrydol.

Roedd fy nghyfnod ar Daith y Pererin yn rhan o gyfnod sabothol o'r weinidogaeth, ac felly, cyn i mi adael, gofynnodd fy esgob i mi gyfiawnhau 'pwrpas' y daith. 'Mae'n rhaid bod rheswm pam eich bod yn ddigon gwirion i gerdded 140 o filltiroedd!' meddai hi, braidd yn llym a swta. Roedd yn rhaid i mi feddwl yn sydyn, ac wrth ei chael yn anodd ateb yn huawdl, dywedais yn syml: 'Wel, mae'n debyg mai'r pwrpas yw cyrraedd pen y daith.' Efallai nad oedd yn ateb ysbrydoledig, ond roedd yn ddealladwy. Dim ond wedi i ni eu cwblhau y bydd llawer o'n teithiau yn gwneud synnwyr, pan allwn edrych yn ôl ar uchelfannau ac iselfannau ein taith. Mae geiriau Kierkegaard mai 'cyfrinach pob bodolaeth yw symud' yn enwog. Gwyddwn wrth reswm y byddai fy mhererindod yn golygu llawer o symud corfforol – teithiau cerdded hir ac anodd yn ddyddiol, gan fynd o un lle ar y map i'r man aros dros nos nesaf. Ond ar bererindod, nid ymwneud â'r corff yn unig y mae'r symud. Mae'r daith yn ymwneud llawn cymaint â thwf ysbrydol a thrawsnewidiad personol ag ydyw â chyfrif y milltiroedd. Yn y bôn, symudiad tuag at Dduw yw pererindod.

Cyn y gall pererinion fyfyrio ar eu teithiau wrth edrych yn ôl, fodd bynnag, mae 'dim ond cyrraedd y diwedd' yn syml yn fwriad addas. Wedi'r cyfan, mae pererindod fel arfer yn daith i un lle penodol yr ystyrir ei fod yn unigryw neu yn sanctaidd. Un o'r heriau mwyaf ar Daith y Pererin yw cyrraedd pen y daith, gan fod y tywydd anrhagweladwy yn aml yn rhwystro'r pererinion rhag cwblhau'r daith. Caiff y croesiadau ar y cwch i Ynys Enlli eu dileu yn aml oherwydd moroedd garw a cherrynt cryf. Yn addas, ystyr yr enw 'Ynys Enlli' hyd yn oed yw 'Ynys y Cerrynt'. I lawer, mae hyn yn golygu'r rhwystredigaeth chwerwfelys o orfod rhoi'r gorau i ran olaf y daith, gan adael y bererindod heb ei chwblhau er iddynt ddod mor agos.

Ynys Enlli

Yn ei llyfr *Wayfarer*, mae Phoebe Smith yn adrodd am ei siom o gerdded yr holl ffordd ar Daith y Pererin ond methu cyrraedd Ynys Enlli, gan y dywedwyd wrthi efallai na fyddai'r môr garw yn tawelu am wythnosau. Torrwyd ei thaith hi yn fyr, ond roeddwn i yn ffodus. Er i mi orfod dioddef cenllif o law ar adegau, roedd yr haul yn ogoneddus pan gyrhaeddais Borth Meudwy, a syllwn draw dros y môr crisialaidd. Bu Porth Meudwy yn fan cychwyn drosodd i Enlli ers amser maith, ac y mae ei hanes yn ymestyn yn ôl am ganrifoedd. Wrth i mi gamu ar y cwch ar gyfer y 40 munud o daith i'r ynys, teimlais dangnefedd dwfn yn golchi trosof. Dangoswyd parch tuag at Enlli ers cenedlaethau ac mae gan yr ynys enw fel un o 'leoedd tenau' Cymru, lle mae'r ffin rhwng daear a nefoedd yn teimlo'n aneglur. Mae *Llyfr Llandaf* (1120) yn ei galw yn 'Rhufain Prydain' ac yn honni bod 20,000 o saint wedi'u claddu yn ei daear sanctaidd. Roedd yr ynys mor arwyddocaol yn yr amseroedd cyn y Diwygiad Protestannaidd fel bod tair pererindod i Enlli yn cael eu hystyried yn gyfwerth ag un daith i Rufain. Dechreuais ddeall pam wrth syllu ar ei rhyfeddod o'r cwch.

Mae pererinion ar hyd yr oesoedd wedi cael eu denu i'r ynys hon am ei bod yn llwm a phellennig ac ymhell oddi wrth hynt a helynt ein bywyd bob dydd. Yn ddiweddar, mae'r ynys mor dangnefeddus a meudwyaidd ag erioed, ac y mae ei phoblogaeth wedi disgyn o 132 yn y bedwaredd ganrif ar bymtheg i ddim ond 4 mewn cyfrifiad diweddar. Wrth i mi lanio oddi ar y cwch, teimlwn fy mod yn camu ar dir sanctaidd. Ar ôl taith 140 milltir llawn digwydd, roedd yn rhaid i mi fy rhwystro fy hun rhag syrthio ar fy mhengliniau poenus a chusanu'r ddaear fel yr oedd y Pab John Paul II yn enwog am wneud wrth ymweld â gwledydd newydd. Wrth i mi grwydro'r ynys, yng nghwmni'r morloi oedd yn gorffwyso ar y traethau, teimlwn lonyddwch y tirlun yn ymdreiddio i'm hysbryd, gan ddod â synnwyr dwfn o dangnefedd mewnol i'w ganlyn. Yn y foment honno, profais ei lawnder, llonyddwch mor ddwfn nes bod synnwyr digamsyniol o obaith yn dod gydag ef. Roedd heriau a buddugoliaethau fy nhaith dair wythnos wedi fy newid mewn ffyrdd na allwn hyd yma eu mynegi yn llawn, ond gwyddwn un peth i sicrwydd – roeddwn yn gadael y lle hwn gyda chnewyllyn bach ond gwerthfawr o obaith, yn barod i gael ei goleddu a'i feithrin.

Daeth cyrraedd Enlli â synnwyr cryf o gyflawniad i'w ganlyn, ond, yn ysbryd pererindod, dim ond rhan o'r daith yw cyrraedd. Mae'r bardd R.S. Thomas, a enwebwyd am wobr Nobel ac a fu unwaith yn ficer plwyf Aberdaron, y pentref lle oeda pererinion yn draddodiadol cyn croesi i Enlli, yn cyfleu'r syniad hwn yn ei gerdd 'Migrants'. I Thomas, nid cyrraedd pen y daith yw amcan terfynol teithio. Yn hytrach, mae'n cyffelybu'r daith i gasglu paill yn ein meddyliau, y gallwn yn ddiweddarach ei drawsnewid yn fêl melys, cynhaliol mewnwelediad ac adnewyddiad wrth i ni ddychwelyd adref.

Blodau'r deyrnas

Mae persbectif R.S. Thomas yn adleisio'r traethiad beiblaidd yn agos. Yn yr Hen Destament, addolai'r Israeliaid nomadaidd Dduw y pererin mewn pabell, gan gludo atgof corfforol ohono yn arch y cyfamod. Pan ddaeth Duw yn ddyn, arhosodd teithio yn ganolog i stori iachawdwriaeth. O ddyddiau cynharaf Iesu, siapiwyd ei fywyd gan symud, pan deithiodd i Fethlehem, ffoi i'r Aifft ac ymsefydlu yn Nasareth. Fel oedolyn, blodeuodd ei weinidogaeth ar y ffordd, llwybr crwydrwr digartref yn dod â'r newyddion da i bawb oedd yn gwrando. 'Y mae gan y llwynogod ffeuau, a chan adar yr awyr nythod,' meddai wrth ei ddisgyblion, 'ond gan Fab y Dyn nid oes lle i roi ei ben i lawr' (Mathew 8:20). Felly, Duw y Beibl yw Duw y daith. Yn yr un modd, yn ein profiadau o'n teithiau ein hunain, rydym yn cysylltu â rhywfaint o'r terfynol a'r tragwyddol. Mae'r profiadau hyn yn ymestyn y tu hwnt i'n bywydau arferol o ddydd i ddydd ac, os caniatawn iddynt, gallant ddechrau ein mowldio a'n trawsnewid, gan siapio ein meddyliau, ein tybiaethau a'n credau. Fel y dywed Charles Foster: 'Fel y tarddodd y deyrnas o gwmpas sandalau Iesu, felly hefyd y gall blodau'r deyrnas darddu o gwmpas esgidiau'r pererin.'

Mae 'blodau teyrnas' pererindod yn dal i flaguro yn ein heneidiau am amser maith wedi i ni ddychwelyd adref. Y blodau hyn yw munudau dyrchafol y daith sydd yn oedi ynom ni wrth i ni ddychwelyd i'n bywydau bob dydd – y parch tuag at odidowgrwydd natur, cysylltiadau dwfn â chyd-deithwyr, ac adegau o gyswllt a chyd-ddigwyddiad. Ond maent hefyd yn cynnwys rhywbeth tawelach ond eto yr un mor bwerus. Dyma'r hyn y mae Tolstoy yn *War and Peace* yn ei alw yn 'foddhad anghenion dynol syml'. Ar Daith y Pererin, enghreifftiau syml o lawenydd oedd y rhain oedd yn dod â dyfnder rhyfeddol o fodlonrwydd – blas hallt yr awyr iach wrth gerdded ar graig uwchben y môr, ffrwydrad melys resins yn ystod rhan eithriadol o anodd o'r daith, moethusrwydd bath cynnes yn cynnwys halwynau ymlaciol ar ôl diwrnod caled o gerdded, meddalwch cynfasau glân wrth i gwsg gael gafael ynof yn y nos, a gwisgo dillad sych bob bore. Trawsnewidiai'r munudau syml hyn y cyffredin yn rhywbeth gwir ystyrlon.

Er hynny, yn baradocsaidd, nid o funudau o lawenydd neu fodlonrwydd yn unig y genir 'blodau teyrnas' pererindod. Erbyn i fy nhaith dynnu at ei therfyn, roeddwn wedi dod i ddeall bod gan yr adegau o frwydro dyrys a chaledi hefyd eu nerth dwyfol a'u bod yn cynnig cyfarfyddiadau dwys â Duw. Mae'r profiadau hyn yn ein ffurfio a'n trawsnewid yr un mor ddwfn â'r adegau o hyfrydwch. Wedi'r cyfan, mae'r teithiau adfywhaol yn y Beibl yn ddyrys ac anodd, o grwydradau Abraham a Jacob i'r ecsodus a'r alltudiaeth. Roedd taith Iesu i'r groes hefyd yn llafurus, a hyfforddodd ei ddilynwyr i ddisgwyl i'w teithiau hwythau fod yr un mor anodd, gan eu hannog i droedio yn ôl ei draed ef ar y *Via Dolorosa* ('Ffordd Dioddefaint') droellog: 'Os myn neb ddod ar fy ôl i, rhaid iddo ymwadu ag ef ei hun a chodi ei groes a'm canlyn i' (Mathew 16:24).

Ein bywydau cylchol

Wrth wynebu llawenydd a heriau eu teithiau, bydd pererinion yn aml yn dechrau edrych ar eu teithiau, ac wedi hynny bywyd yn gyffredinol, yn gylchol. Am yr ychydig ddyddiau olaf ar Daith y Pererin, caiff y cerddwyr y fraint o weld y golygfeydd syfrdanol oddi ar glogwyni Penrhyn Llŷn. Byddwn yn eistedd bob dydd ar ymyl clogwyn yn syllu allan dros Fôr Iwerddon gyda fy mrechdanau a'm fflasg ffyddlon o de, yn craffu ar y symudiad naturiol cyson yn llanw a thrai'r môr. Wrth wneud hynny meddyliwn nid yn unig am uchelfannau ac iselfannau fy nhaith, ond hefyd am lanw a thrai bywyd. Mae stormydd dioddefaint yn aml yn ysgubo i'n bywydau fel llanw cynddeiriog. Yn ystod yr adegau hynny, fodd bynnag, gallwn ein sicrhau ein hunain y bydd y dioddefaint hwn yn cilio'n fuan, ac y bydd amseroedd mwy dyrchafol a chalonnog yn dod yn ei le. Yn yr un modd, hyd yn oed ar ein hadegau hapusaf, gwyddom nad yw dioddefaint ymhell ac y gallai ddifetha ein dedwyddwch ar unrhyw amser. Yn hytrach na bod yn deimlad digalon, daeth hyn â chysur i'm taith. Mae'r diwinydd Boethius o'r chweched ganrif yn disgrifio bywyd fel olwyn:

> Rydym yn codi ar adenydd yr olwyn ond yn fuan cawn ein bwrw yn ôl i lawr i'r dyfnderoedd. Mae amseroedd da yn mynd heibio, ond felly hefyd yr amseroedd drwg. Newid yw ein trychineb, ond dyna hefyd yw ein gobaith. Mae'r amseroedd gwaethaf, fel yr amseroedd gorau, bob amser yn mynd heibio.

Felly, rydym yn barod i dderbyn ein teithiau o newid cyson. Pan fyddwn yn fodlon ac yn gysurus, gwyddom mai dros dro y bydd hynny. Pan fyddwn yn bryderus neu mewn anobaith, gwyddom mai dros dro y bydd hynny hefyd. 'Os erys dagrau gyda'r hwyr,' meddai'r salmydd, 'daw llawenydd yn y bore'

(Salm 30:5).

Mae un o'r rhannau o'r Hen Destament a ddyfynnir amlaf yn ein sicrhau yn yr un modd o symudiad fel llanw yn ein teithiau. Yn llyfr y Pregethwr 3:1–8, mae'r awdur yn defnyddio techneg lenyddol rabïaidd boblogaidd i ddisgrifio byrhoedledd digwyddiadau, emosiynau a gweithgareddau. 'Y mae tymor i bob peth, ac amser i bob gorchwyl dan y nef,' meddai yn llinell gyntaf y darn hyfryd hwn. Mae'r awdur yn ein hatgoffa o wirionedd y cyflwr dynol – bod pob un ohonom yn profi dioddefaint *a* llawenydd, pryder *a* thangnefedd, anobaith *a* gobaith. Yn ôl Kierkegaard, rhan o baradocs rhyfeddol y ffydd Gristnogol yw ei bod yn derbyn cydfodolaeth goleuni a chysgod yn ein bywydau. Wedi'r cyfan, Iesu oedd y fendith fwyaf i'r rhai oedd yn ei garu. Er hynny nid arbedodd y fendith honno ei fam rhag galar torcalonnus na'i ddisgyblion rhag merthyrdod gwaedlyd. Ni wnaeth ei ddwyfoldeb a'i ddynoliaeth perffaith ei arbed yntau chwaith rhag ei alar, ei boen, ei bryder, ei artaith a'i farwolaeth. Ac felly, mae Kierkegaard yn dweud bod Iesu 'yn deall eich holl dristwch yn well nag yr ydych chi eich hun yn ei ddeall'. Dyma'r sicrwydd terfynol pan fydd llanw a thrai bywyd yn ein harwain at adegau o ddioddefaint, pryder ac anobaith.

Argaeledd llwyr

Fel ein bywydau, mae pererindodau yn datblygu ac yn newid yn barhaus. Yr her yn y pen draw yw i ni gymryd yr uchelfannau a'r iselfannau fel cyfleoedd i feithrin ein gallu i drugarhau a gofalu am eraill ac amdanom ein hunain. Trwy i ni fod yn agored i brofiadau, pobl a digwyddiadau y genir gobaith. Pwysleisia'r athronydd Gabriel Marcel ran hanfodol 'argaeledd' yn ein bywydau. Mae'n diffinio hyn fel parodrwydd i ymroi yn llwyr i fywyd, gan ei ddisgrifio fel 'y ddawn i'ch rhoi eich hun i unrhyw beth sy'n cynnig, ac i ymrwymo wrth y rhodd'. Mewn gwrthgyferbyniad, rydym yn aml yn gogwyddo tuag at ymgolli ynom ni ein hunain, pan fyddwn yn edrych ar eraill ac ar sefyllfaoedd fel ffordd o gyflawni ein dyheadau ein hunain yn unig. Fodd bynnag, trwy wir argaeledd, rydym yn newid ein safbwynt ac yn ymateb yn llwyr ac agored i anghenion a bodolaeth eraill.

Mae ffrindiau i mi yn egluro na fu i ysgytwad annisgwyl genedigaeth plentyn ag anabledd ddifetha eu breuddwydion am deulu perffaith. Yn hytrach, caniataodd iddynt garu mewn ffyrdd na wyddent eu bod yn bosibl. Ac felly daeth y plentyn yn fendith iddynt hwy ac i eraill, yn union fel y bu iddynt hwy ddod yn fendith i'w plentyn. O'r herwydd, mae 'argaeledd' yn ein gwahodd i agor ein calonnau ac yn caniatáu i ni roi a derbyn yn rhydd. Down yn rhodd i eraill, yn union fel y maent hwy yn dod yn rhodd i ni. Awgryma Marcel mai'r nod yn y pen draw yw cyflawni *disponibilité absolue* ('argaeledd llwyr'), sefyllfa lle mae ein caredigrwydd a'n haelioni yn ymestyn y tu hwnt i'n teulu a'n ffrindiau, gan gyrraedd hyd yn oed y rhai nad oes gennym gysylltiad uniongyrchol â hwy. Yn y ffordd hon, daw ein bywydau yn fendith i bawb.

Mae'r diwinydd Khaled Anatolios yn gweld gwraidd 'argaeledd' Marcel yn y Drindod. Yr Ysbryd yw curiad calon y rhodd a gynigiwn i eraill ac a dderbyniwn ganddynt, ond trwy berthynas y Mab a'r Tad y gall y cysyniad siarad yn sylweddol â'n bywydau bob dydd. 'Yr wyf fi wedi rhoi iddynt hwy y gogoniant a roddaist ti i mi,' meddai Iesu, 'er mwyn iddynt fod yn un fel yr ydym ni yn un: myfi ynddynt hwy, a thydi ynof fi, a hwythau felly wedi eu dwyn i undod perffaith' (Ioan 17:22–23). Daeth cydberthynas cilyddol yr ymgnawdoliad yn fyw wrth i mi droedio hen lwybrau'r bererindod. Fe'm cefais fy hun yn gweld Iesu yn y rhai yr oeddwn yn eu cyfarfod a hefyd yn bod yn Iesu iddynt, o'r gwylwyr adar y rhennais fy nghinio â hwy ar lethrau Eryri i'r ymwelwyr y bu i mi chwerthin gyda hwy y tu allan i Eglwys Gadeiriol Bangor.

Mae'r athronydd Hegel o'r bedwaredd ganrif ar bymtheg yn dadlau bod 'gwirionedd' y ffydd Gristnogol wedi ymagor dros ddwy fileniwm. Mae pererindod yn ein hatgoffa bod yr ymagor hwn yn parhau yn ein bywydau ni. Trwy'r uchelfannau a'r iselfannau dyddiol, wrth i ni ddysgu rhoi a derbyn cariad, fe'n tynnir yn fythol nes at ffynhonnell eithaf y cariad hwnnw.

Cerdded ymlaen

Dim ond chwe awr gwta a dreuliais ar dir sanctaidd Ynys Enlli ar ddiwedd y bererindod. Yr oedd, fodd bynnag, yn ddigon o amser i mi fyfyrio ar uchelfannau ac iselfannau'r daith. Roedd y bererindod wedi bod yn ddihangfa hyfryd a chadarnhaol oddi wrth fy ngwaith bob dydd. Roedd yn gyfle i gamu i ffwrdd oddi wrth yr awydd cyson i lwyddo a'r angen parhaus am gael fy nghymeradwyo. Yn niffeithwch pererindod, canfûm ryddid oddi wrth ofn ac ansicrwydd.

Er hynny roedd gan ddiffeithwch y daith ei gysgodion hefyd. Ochr yn ochr â'r rhyddid daeth cyfnodau o unigrwydd, ofn a phoen. Yn ystod yr adegau hynny, fe'm hatgoffwyd o'r actor a'r arbenigwr crefft ymladd Bruce Lee a ddywedodd y byddai, pan oedd yn ofnus neu wedi dychryn, yn ailadrodd wrtho'i hun drosodd a throsodd: 'Cerdda ymlaen, Bruce; cerdda ymlaen, Bruce.' Roedd adegau yn ystod fy mhererindod pan na allwn wneud dim ond dal i gerdded ymlaen.

Wrth i mi eistedd ar y cwch yn dychwelyd o Ynys Enlli, nid oedd gennyf syniad am y bêl dro yr oedd bywyd ar fin ei thaflu tuag ataf. Gwyddwn, fodd bynnag, fy mod eisoes wedi bod trwy brofiad trawsnewidiol. Awgryma Kierkegaard fod pob taith yn dechrau trwy ymneilltuo oddi wrth y byd ac yn gorffen trwy ddychwelyd i'r byd. Iddo ef, yr enghraifft glasurol o hyn oedd pererindod Abraham ar Fynydd Moreia, lle arbedwyd ei unig fab Isaac ar y funud olaf rhag cael ei aberthu'n erchyll (Genesis 22:1–19). Mae llawer o Gristnogion yn cael trafferth gyda'r stori am Dduw yn mynnu bod tad cariadlon yn lladd ei blentyn ei hun, dim ond i rwystro'r gyflafan ar y funud olaf. Mae'r *Los Angeles Times* yn adrodd nid yn unig bod Cristnogion yn dymuno na fyddai'r stori hon yn bodoli yn y Beibl, ond hefyd fod gan lawer o feddylwyr Iddewig ac Islamaidd amlwg eu hamheuon dwys ynglŷn â'r adroddiad. Wedi'r cyfan, ymddengys yn ddychrynllyd fod Duw yn mynnu aberth dynol, ac y mae cydsyniad gwasaidd Abraham yn annirnadwy. Yng ngeiriau James Goodman, a ddaeth i'r rhestr derfynol ar gyfer Gwobr Pulitzer, mae'r holl ddigwyddiad yn 'dystiolaeth fod Duw yn deyrn, Abraham yn gynffonnwr, a'r ddau ohonynt yn cam-drin Isaac druan'.

I Kierkegaard, fodd bynnag, mae gorbryderu am foesoldeb stori Moreia yn colli ei dyfnder. Ysgrifenna fod Cristnogion yn draddodiadol wedi methu cydnabod pwysigrwydd canlyniad y stori, pan ddychwela Abraham i'w fywyd dyddiol. Mae ei ddychweliad at fodolaeth arferol cyn bwysiced â'i ymneilltuo i Fynydd Moreia. Mae'n dychwelyd wedi ei herio a'i newid yn sylfaenol, ac yn diolch o'r newydd am roddion daearol Duw. Nid fod Kierkegaard yn edrych ar y stori hon trwy sbectol rosliw. Mae'n beirniadu unrhyw awgrym o ddiwedd hapus i brofiad y patriarch. Mae Abraham yn ennill rhywbeth gwerthfawr ar lethrau Moreia, ond mae ysgytwad dirdynnol ei brofiad yn aruthrol. Mae'n canfod cysur ysbrydol, ond dim ond ar ôl taith a blymiodd i ddyfnderoedd poen a thrallod. Mae hyn, yn ôl Kierkegaard, yn adlewyrchu paradocs y daith Gristnogol – mae pererindod yn ddrud, ond mae'r gwobrau yn fawr. 'Dim ond yr un sydd mewn pryder sy'n canfod gorffwys,' meddai, 'dim ond yr un sy'n tynnu'r gyllell sy'n cael Isaac.'

Cyn dychwelyd i Gaerdydd ar ôl cwblhau Taith y Pererin, arhosais dros nos yng nghartref fy rhieni yng Ngogledd Cymru. Wrth i mi sgwrsio â fy mam yn ei hystafell fyw glyd, syllais allan trwy'r ffenestr. Yno, yn ymestyn ar draws Mynydd Conwy urddasol yr oedd yr enfys fwyaf crisialaidd a disglair a welais erioed. Gan fyfyrio ar arwyddocâd yr enfys yn y cyfamod â Noa (Genesis 9:13–16), teimlai fel bod Duw yn sibrwd addewidion o adnewyddiad a gobaith i'm calon. Ni allwn ymatal rhag rhuthro allan i roi'r eiliad ar gof a chadw. Wrth i mi droi'n ôl, gwelais fy mam yn sefyll wrth y ffenestr, a gwên gynnes yn goleuo'i hwyneb tra adlewyrchai'r enfys yn hardd ar y gwydr. Tynnais lun, heb sylweddoli cymaint o arwyddocâd a fyddai iddo yn ddiweddarach. Yn ystod pandemig y Covid, pan oedd ymweld ag anwyliaid hŷn wedi'i gyfyngu i godi llaw trwy'r ffenestr, daeth y ddelwedd honno yn symbol ingol o ras i'n teulu ni. Ar y pryd, fodd bynnag, croesewais yr enfys yn syml fel arwydd o obaith. Byddai'r gobaith hwnnw yn mynd â fi ymlaen ar ôl pererindod gyffrous ac yn dal i ddisgleirio trwy fy ail daith a fyddai yr un mor drawsnewidiol.

YR AIL DAITH: TRWY ANAF A THYWYLLWCH

Dwy daith debyg ond gwahanol

Yn draddodiadol, mae'r rhai sy'n mynd ar bererindodau yn derbyn y bydd anhawster, ansicrwydd a dioddefaint yn rhan o'r daith. Weithiau, edrychir yn gadarnhaol ar berygl. Yn ei gyfres BBC *Extreme Pilgrim*, archwiliodd Peter Owen-Jones y teithiau heriol y mae pobl ffydd wedi bod arnynt ar hyd y blynyddoedd. Bu iddo hyd yn oed ail-greu rhai o'r enghreifftiau mwyaf eithafol o ddisgyblaeth ysbrydol. Mewn un bennod, mae'n ystyried tadau'r anialwch yn Nwyrain Agos hynafol y drydedd ganrif. Yn benodol, dilynodd ôl troed yr asgetig Sant Antwn Fawr a dreuliodd ei 43 mlynedd olaf mewn ogof meudwy yn nhirwedd gyntefig anialwch yr Aifft. Dan oruchwyliaeth y Tad Lazarus El Anthony, meudwy Coptig cyfoes, aethpwyd ag Owen-Jones i ogof unig yn y diffeithwch a threuliodd 21 diwrnod blinderus yno mewn gwres ac unigrwydd llethol.

Roedd hwn yn brofiad llawer mwy eithafol na fy mhererindod i yng Ngogledd Cymru. Fodd bynnag, fel Owen-Jones, gwyddwn o'r dechrau'n deg y byddai fy nhaith yn rhoi prawf arnaf, a chroesewais hyn fel rhan o'i phwrpas. Ar fy ail bererindod, roedd yr her yn wahanol. Y tro hwn, doedd dim dewis. Yn hytrach, cefais fy nhaflu ar fy mhen i daith nad oeddwn wedi'i chynllunio na'i deisyfu. Gellid felly ddisgrifio fy nhaith gyntaf fel unigrwydd a her wedi'u creu, a'r ail fel unigrwydd a her gorfodol. Er bod y ddwy daith yn hollol wahanol, gwthiodd y ddwy fi i wynebu gwirioneddau sylfaenol a sobreiddiol. Boed yn gerdded Taith y Pererin neu yn ymgodymu â phoen ar fy soffa, fe'm gorfodwyd gan y ddwy daith i ymaflyd â chwestiynau dwfn ynglŷn â chred, ffydd, hunaniaeth a marwoldeb. Mynnai'r cwestiynau hyn fyfyrdod ac ymateb, a'r canlyniad yn y pen draw oedd twf a thrawsnewidiad.

Canfod Duw a'n canfod ein hunain

Awgryma'r athronydd Charles Foster fod pob pererindod yn 'fath o aileni' sy'n trawsnewid y pererin yn llwyr. Byddai gobaith yn dod i roi trefn ar fy ail daith, ond ar y dechrau, a minnau'n crwydro trwy dir diffaith pryder a phoen, ni theimlwn ddim ond unigrwydd. Mae'r teimlad o gael eich gadael mewn diffeithwch, wrth gwrs, yn feiblaidd drwyddo draw. Mae bron pob cymeriad mawr yn yr ysgrythur yn cael profiad o ddiffeithwch. I rai, fel Abraham, Moses ac Iesu, mae'r diffeithwch yn llythrennol. I eraill, fel Jona ym mol y morfil neu Paul yn ystod ei ddallineb dros dro, mae'r diffeithwch yn fwy symbolaidd. Ac eto i bob un ohonynt, mae unigedd a her y diffeithwch yn dod yn lle sanctaidd ar gyfer paratoi, gweddïo a thrawsnewidiad. Mae'r cyfarfyddiadau angerddol hyn yn arwain at hunaniaeth newydd hyd yn oed, gydag Abram yn dod yn Abraham a Saul yn cael ei aileni fel Paul. Y diffeithwch, boed yn gorfforol neu yn ysbrydol, yw'r lle y mae Duw yn rhoi trefn ar ei bobl ar gyfer yr hyn sydd o'u blaenau.

Nid bod teithiau o'r fath yn y diffeithwch yn unigryw i Gristnogion. Yn ei waith arloesol ar yr arwr chwedlonol, mae Joseph Campbell yn nodi bod patriarchiaid, duwiau ac arwyr yn wynebu profiadau tebyg mewn ffydd a diwylliannau eraill, lle mae cymeriadau yn gadael sicrwydd bywyd cartref er mwyn cychwyn ar her profiad o ddiffeithwch. Mae hyn, wrth gwrs, wedi'i gyfieithu i chwedlau cyfoes, o Luke Skywalker yn *Star Wars: A New Hope* i Katniss Everdeen yn *The Hunger Games*. Fel yr awgryma teitl y ffilm Star Wars gyntaf, yn y profiadau hyn yn y diffeithwch y genir gobaith, wrth i gryfder newydd gael ei ddatblygu a rhwystrau gael eu goresgyn.

Ychydig o gysur oedd hyn fodd bynnag wrth i mi dreulio fy nyddiau gartref, yn cael trafferth hyd yn oed i gerddded am ychydig amser bob dydd heb gryn boen. Roedd hon yn daith unig a rhwystredig. Mae'n anodd credu bod Duw yn adbrynu'r tir diffaith, heb adael dim gwastraff, pan fyddwch yn teimlo'n unig yn ei wacter cras. Yn llyfr Exodus, aeth Moses â'i ddefaid 'ar hyd cyrion yr anialwch' (Exodus 3:1) er mwyn dianc rhag cael ei ddienyddio wedi iddo ladd gwarchodwr Eifftaidd. Mae'r traddodiad rabinaidd Iddewig cynnar yn ymhelaethu ar y stori hon, gan ddisgrifio oen bach yn dianc o braidd Moses. Mae Moses yn erlid y creadur, ond gan fod yr oen yn anarferol o sionc, gorfodir Moses i fynd yn bellach ac yn bellach i'r anialwch. Yn y rhan ddyfnaf, dywyllaf o'r anialwch y mae'n cael profiad o Iawe yn y berth sy'n llosgi. Yma hefyd o'r diwedd y mae'n dal ei oen bach bywiog. Mae'r rabïaid cynnar yn egluro bod yr oen yn cynrychioli hunan dyfnaf Moses ei hun. Cymerodd, felly, daith bell i'r anialwch i'w ddarganfod ei hun a darganfod ei Dduw.

Mae'r nodwedd drech yn y gorllewin heddiw yn troi o gwmpas hunaniaeth – yn hyrwyddo rhyddid personol a dilysrwydd. Mae hyn yn ein harwain i gredu bod ein teithiau yn troi o'n cwmpas ni ein hunain. Mae'r cysyniad o 'gael hyd i ni ein hunain' wedi ei orddefnyddio ac yn hyrwyddo hunanfoddhad. Fodd bynnag, byddai safbwynt y rabïaid cynnar ar yr hyn a olyga cael hyd i ni ein hunain wedi bod yn hollol wahanol. Dysgent na fyddai Moses wedi cael hyd i'r oen heb hefyd gael hyd i'r berth yn llosgi. Mewn geiriau eraill, trwy 'gael hyd iddo'i hun' darganfu nad oedd bywyd yn ymwneud â'i ddyheadau a'i falchder ef ei hun. Yn hytrach, roedd bywyd yn ymwneud â'r alwad a roddwyd iddo gan Dduw i wasanaethu a charu. Nid oedd y darganfyddiad pwysig hwn, fodd bynnag, yn ddadleniad syml i'r patriarch. Yn hytrach, roedd angen taith trwy ddiffeithwch llwm a didostur. Neu fel y dywed y diwinydd Joan Chittister: 'Mae goleuni ym mhob un ohonom na all dim ond tywyllwch ei hun ei oleuo.'

Dim byd, dim byd, dim byd

Rywdro yn ystod ein bywyd, teflir pob un ohonom ar daith trwy ddiffeithwch anfaddeugar. Boed yn waeledd, galar, diweithdra, iselder ysbryd neu unrhyw galedi arall, mae'r adegau anodd hyn yn rhoi prawf dwys arnom. Daeth fy niffeithwch i ar ffurf poen arteithiol yn dilyn fy mhererindod, gan fy ngadael fwy na heb yn gaeth i fy soffa. Roedd fy adferiad yn araf a blinedig, a theimlwn yn aml fel petawn unwaith eto yn ymlwybro trwy laid trwchus Gogledd Cymru. Fodd bynnag, nid yw gwir natur diffeithwch yn cael ei ddiffinio gan ein hamgylchiadau allanol. Yn lle hynny, mae'n bodoli yn y brwydrau dirgel a wynebwn, yr ymdrechion mewnol sy'n ein ffurfio a'n herio mewn ffyrdd na fu i ni erioed eu dychmygu. Mae'r lleoedd digroeso ac unig hynny y tu mewn i bob un ohonom, wrth i ni blymio i ddyfnderoedd anobaith. Trwy hyn, fe'n dinoethir, a bydd ein beiau a'n diffygion yn boenus o amlwg i bawb eu gweld.

Ar ein teithiau trwy'r anialdir, gall Duw fod yn amlwg o absennol. Yn nyddiau cynnar Cristnogaeth Geltaidd, byddai mynachod yn siarad am y bwystfilod a'r demoniaid y byddent yn eu cyfarfod ar gopaon mynyddoedd ac ynysoedd unig. 'Nid dim ond angylion a cholomennod sydd i'w gweld wrth wthio i'r diffeithwch,' rhybuddia Nick Mayhew-Smith. Wrth ein gorfodi i wynebu ein breuder, mae'r diffeithwch yn tynnu ein bywydau cyfforddus i ffwrdd ac yn ein gadael heb angor, yn brwydro i wneud synnwyr o'n penbleth. Yma down ar draws un arall o baradocsau mawr pererindod. Mae Duw yn ein cyfarfod ar yr adegau hynny pan mae'n ymddangos fel ei fod bellaf oddi wrthym. Mae Martin Luther yn darlunio Duw yn gweithio *sub contrario* ('yn ymddangos fel y gwrthwyneb'). Felly, mae'n fwyaf presennol pan fydd yn teimlo'n absennol, ei oleuni yn fwyaf disglair pan fyddwn ar goll yn y tywyllwch, ei gryfder yn fwyaf cysurlon pan fyddwn yn teimlo'n wan, a'i nerth yn fwyaf sicr pan gawn ein gorfodi i roi'r gorau i'n hymdrechion ein hunain i reoli.

Wedi'u hysbrydoli gan dadau'r anialwch yn y dwyrain, roedd y Cristnogion Celtaidd cynnar yn ymwybodol iawn o'r paradocs hwn. Er gwaethaf moelni y lleoedd anial y teithient trwyddynt, roedd profiadau o'r dwyfol wrth graidd eu teithiau. Enciliai'r mynachod Cymreig cynnar hyn i leoedd oedd y tu allan i strwythurau a rhwydweithiau cymdeithasol, lleoedd fel ogofâu, copaon mynyddoedd neu ynysoedd unig fel Enlli, i gysylltu â'u Duw.

Er nad yw soffa goch hanner mor rhamantus na hynod â chefn gwlad gwyllt Cymru, roeddwn yn dal i ddibynnu'n llwyr ar Dduw. Gan ddal yn dynn mewn croes fach bren Balestinaidd a gefais gan ffrind sawl blwyddyn ynghynt, Duw oedd y graig a'r gobaith y glynwn wrthynt, er gwaethaf y ffaith ei fod weithiau yn teimlo mor bell. Daeth geiriau Sant Ioan y Groes 'dim byd, dim byd, dim byd' yn bwysig i mi yn ystod fy adferiad. Byddwn yn ailadrodd y geiriau hynny (*'nada, nada, nada'*), yn araf ac yn feddylgar, gan f'atgoffa fy hun fod fy ngwerth terfynol yn Nuw ac mai dim ond ei bresenoldeb ef oedd o bwys. Mae dioddefaint yn ein dinoethi o'r angen am edmygedd, cyfoeth, cadarnhad, a hyd yn oed hoffter wrth i'n cysylltiadau a'n dyheadau dynol syrthio i ffwrdd. Fe'n gadewir â 'dim byd, dim byd, dim byd' heblaw am ei gariad sy'n llenwi ein calonnau a'i oleuni sy'n goleuo'r pethau hynny sydd o wir bwys yn ein bywydau. 'Yng ngfhariad diderfyn a diarbed Duw tuag atom,' ysgrifenna Richard Rice, 'gwrthoda Duw adael i'n dioddefaint wneud dim byd ond gorwedd yno, heb ei liniaru a heb wneud iawn amdano.'

Pwysau annioddefol edifeirwch

Nid yw gwybodaeth gysurlon am gariad a phresenoldeb Duw, fodd bynnag, yn ein harbed rhag difrod taith y diffeithwch. I mi, arweiniodd tawelwch y daith honno at syniad ymwthiol a oedai yn ystod y dydd ac a'm cadwai'n effro yn y nos. Canolbwynt y syniad hwn oedd edifeirwch. Ymgodymai fy meddwl yn barhaus â'r cwestiwn pam fy mod wedi mynd ar y bererindod yng Ngogledd Cymru yn y lle cyntaf ac, yn wir, pam na fu i mi roi'r gorau i'r daith pan ddioddefais tendonitis difrifol yn fy mhen-glin. Daethai Taith y Pererin â bendithion anhygoel, ac eto ni allwn anwybyddu'r gwirionedd caled fod fy ail daith, oedd yn llawn poen ac anaf, yn ganlyniad uniongyrchol i ddewisiadau a wnes yn ddiniwed yn ystod y daith gyntaf dyngedfennol honno.

Deuthum i sylweddoli yn fuan fodd bynnag bod 'beth petai?' yn gwestiwn di-fudd. Mae'n ei gyflwyno'i hun fel myfyrdod diniwed ond yn fuan mae'n ein llethu. Ffordd yw edifeirwch, wedi'r cyfan, o geisio rheoli'r gorffennol a'r dyfodol. Y mae yn y pen draw yn niweidiol i'n hadferiad. Y natur ddynol yw dymuno rheoli sefyllfaoedd a llywio digwyddiadau er ein lles ein hunain. Pan fyddwn yn teimlo ein bod yn colli rheolaeth, daw amygdala ein hymennydd i rym, gan beri ofn a phryder fel pe byddai'n canu larwm mewnol. Rwyf wedi gwirioni ers tro â llyfrau, ffilmiau a chyfresi teledu sy'n trafod teithio mewn amser – *Back to the Future, 12 Monkeys, The Time Traveller's Wife* ac yn y blaen. Mae rhywbeth cyfareddol ynglŷn â'r syniad o deithio'n ôl mewn amser er mwyn ailysgrifennu'r presennol neu lamu ymlaen er mwyn cael sicrwydd y bydd popeth yn iawn. Ond, er cymaint y gall y ffantasi apelio, ni allwn ni fyth reoli mewn gwirionedd.

Yn *Room of Marvels*, mae James Bryan Smith yn rhannu breuddwyd angerddol a gafodd tra oedd yn ymgodymu â'r galar o golli ei fam, ei ffrind gorau a'i ferch yn fuan iawn ar ôl ei gilydd. Yn ei freuddwyd eir ag ef i'r nefoedd lle mae ei ffrind gorau yn mynnu ei fod yn marchogaeth ceffyl tra'n wynebu yn ôl. Mae holl reddfau Smith yn sgrechian bod marchogaeth tuag at yn ôl yn anghyfrifol, ac eto mae ei ffrind yn ei annog i ymddiried yn y ceffyl i arwain y daith. 'Wrth farchogaeth tuag at yn ôl, fedri di dddim gweld i ble rwyt ti'n mynd,' eglura ei ffrind; 'byddi'n gwybod dy fod wedi ildio rheolaeth pan fedri di wneud hynny'n llawen.' Cyffelyba Smith hyn i'r ysgrythur, gan gyfeirio at y Forwyn Fair fel yr enghraifft eithaf o ildio. Wrth i'r angel ei chyfarch, dewisodd Mair ollwng gafael ar ei hofn ac ymddiried yn llwyr yng nghynllun Duw. Mewn gwrthgyferbyniad llwyr, deilliodd cwymp y Brenin Saul yn yr Hen Destament o'r ffaith iddo wrthod gollwng gafael ar reolaeth dros ei fywyd. Daw Smith i'r casgliad fod yr enghreifftiau hyn yn datgelu gwirionedd dwfn – mae ildio rheolaeth yn ein harwain oddi wrth edifeirwch a thuag at addewid Duw o lawenydd a gobaith.

Cludodd Edith Eger faich trwm edifeirwch am ddegawdau yn dilyn ei charchariad dirdynnol yn Auschwitz. Adrodda am y foment y bu iddi gamu oddi ar y lori wartheg, dim ond i ddod wyneb yn wyneb â'r Dr Mengele drwgenwog. Pan ofynnodd i Eger oedd yn 16 mlwydd oed ai ei chwaer oedd y wraig oedd wrth ei hochr, atebodd yn reddfol mai ei mam ydoedd. Gyda'r geiriau hynny, anfonwyd ei mam i'r rhes arall – yr un oedd yn arwain i'r siambrau nwy. Cafodd Eger ei bwyta'n fyw gan bwysau'r foment honno, a'i chnoi gan edifeirwch am ddegawdau. 'Fe ddylwn i fod wedi dweud "chwaer"! Pam na ddywedais i "chwaer"? Rwyf yn galw arni ar draws y blynyddoedd, i ofyn am ei maddeuant,' ysgrifennodd flynyddoedd yn ddiweddarach.

Fe'i daliwyd yn ôl am flynyddoedd lawer gan ei litani o euogrwydd ac edifeirwch hyd nes iddi yn y 1960au ddod yn gyfeillgar â chyd-oroeswr Auschitz, Viktor Frankl. Trwy ei ddylanwad ef, dechreuodd edrych ar ei thaith trwy lygaid 'dewis'. Er ei budd ei hun ac er lles eraill, penderfynodd roi o'r neilltu y dewis a wnaeth fel merch 16 mlwydd oed ofnus a llwglyd. Yn lle hynny, dewisodd ei harddel ei hun yn llawn, gan gynnwys ei beiau, yn berffaith amherffaith a hollol feidrol. 'Ni allaf fyth newid y gorffennol,' ysgrifenna. 'Ond y mae bywyd y gallaf ei achub: fy mywyd i yw hwnnw. Yr un yr wyf yn ei fyw yn awr, y foment werthfawr hon.' Aeth Eger ymlaen i ddatblygu agwedd therapiwtig bwerus a adwaenid fel 'therapi dewis', a luniwyd i helpu i ryddhau'r rhai a gaethiwyd yng ngharcharau edifeirwch ac euogrwydd, gan gynnig llwybr tuag at iachâd a rhyddhad.

Yn ystod fy ail bererindod o adferiad, cefais fy herio gan waith ysbrydoledig Eger i dorri'n rhydd o'r cylch diddiwedd o 'petawn i ddim ond heb' a dechrau symud ymlaen. Roedd boddi mewn 'beth petai' nid yn unig yn oedi fy adferiad ond hefyd yn fy mhellhau oddi wrth y bobl a garwn. Roeddwn wedi dod yn garcharor fy edifeirwch fy hun, wedi fy nghloi mewn cell o fy ngwaith fy hun. Hyd yn oed pan symudais fy sylw er mwyn edrych ymlaen at ddyfodol pan fyddai fy nghefn wedi gwella, sylweddolais fy mod yn dal wedi fy ngharcharu, wedi fy nghadwyno wrth obaith pell oedd yn fy nghadw rhag byw o ddifrif yn y presennol. Dim ond pan ildiais reolaeth yn ôl i Dduw a derbyn y gwir am fy sefyllfa bresennol, pa mor llwm bynnag y teimlai, y dechreuais brofi iachâd, gobaith a'r pŵer rhyddhaol o fedru derbyn. Daw Eger i'r casgliad: 'Mae rhyddid yn golygu bod yn rhaid i ni fagu'r dewrder i ddatgymalu'r carchar, fesul bricsen.'

AR EIN TEITHIAU

Alltudiaeth, adferiad ac atgyfodiad

Gall ennill y rhyddhad hwn ar ein teithiau fod yn broses hir yn cynnwys llawer o rwystrau. Mae ein hamser yn y diffeithwch yn ymdebygu i alltudiaeth hir yr Iddewon ym Mabilon, lle collodd yr Israeliaid eu hamgylchedd cyfarwydd a gorfod creu hunaniaeth ac ystyr newydd. Yno bu iddynt wynebu ymdrech a dagrau, diymadferthedd ac anobaith, a hiraeth am fynd yn ôl i'r hen ffordd o fyw. 'Ger afonydd Babilon yr oeddem yn eistedd ac yn wylo wrth inni gofio am Seion,' fel y dywedir yn Salm 137.

Bydd unrhyw un sy'n dioddef poen barhaus, boed oherwydd disgiau wedi dirywio a llithro, fel yn fy achos i, neu oherwydd cyflyrau fel blinder parhaus, arthitis neu MS, yn gwybod mor ddidrugaredd a blinedig y gall fod. I'r rhan fwyaf o bobl, mae egni yn adnodd sy'n mynd â hwy'n gyfforddus trwy bob diwrnod. Ond i'r rhai sy'n byw â phoen barhaus, galar neu drybestod emosiynol, mae egni yn gyfyngedig. Gall hyd yn oed rhywbeth mor arferol â chymryd cawod ddihysbyddu adnoddau, gan adael dim ond ychydig o egni ar gyfer gorchwylion elfennol bywyd bob dydd. O'r herwydd, mae'r cwestiynau sylfaenol a ofynnwn bob dydd yn newid. Mae cwestiynau fel 'Sut y gallaf fod yn hapus heddiw?' neu 'Sut y gallaf gael hwyl heddiw?' yn ymddangos yn afrealistig, gwag a di-fudd. Yr unig gwestiwn a ofynnwn wrth ymdrechu i godi o'r gwely bob bore yw 'Sut y gallaf osgoi mwy o boen?' Nid yw'n syndod fod atgofion am ein bywydau cyn y boen, galar, anabledd neu iselder yn troi ein breuddwydion yn hunllefau yn ystod y nos ac yn pwyso'n drwm ar ein meddyliau yn ystod y dydd.

Er hynny, fel yn yr alltudiaeth ym Mabilon, gallwn ein cael ein hunain yn chwilio am obaith newydd yn ein profiadau o ddiffeithwch. Yn fy mhrofiad fy hun, collwyd yr hyn oedd wedi bod yn rhoi trefn a strwythur i'm bywyd. Wrth i mi addasu i fy sefyllfa, fe'm gwthiwyd i ailasesu pwy oeddwn i, ble roeddwn yn sefyll ar daith bywyd, a beth oedd yn gwir haeddu fy amser a'm sylw. Fel yn yr alltudiaeth yn yr Hen Destament, mae gobaith yn ymddangos pan fydd popeth yn chwilfriw. Wedi'r cyfan, er mor drafferthus yw adfyd, gall roi cyfle i fyfyrio ac, yn y pen draw, twf. Er fy mod yn dueddol i weld y gwaethaf ym mhob sefyllfa, daliwn fy ngafael yn y gobaith cadarn a sicr y byddai bywyd newydd y gwanwyn yn meirioli oerni'r gaeaf, y byddai goleuni'r wawr yn trywanu tywyllwch y nos, ac y byddai genedigaeth newydd yn torri trwy lymder y diffeithwch. Yn ei gerdd 'Threshold', mae R.S. Thomas yn awgrymu nad oes ond un peth y gallwn ei wneud pan fydd saethau ac ergydion bywyd yn ein llethu – estyn ein llaw allan i'r tywyllwch, fel Adda Michaelangelo, gan ymddiried y byddwn yn teimlo cyffyrddiad o sicrwydd a gobaith yn ymateb.

Mae'r gobaith hwn wrth graidd pob pererindod. Mae trwyn Ynys Enlli yn pwyntio i gyfeiriad y dwyrain, fel pe byddai'n rhagweld ail ddyfodiad Crist, ac mae'r bardd canoloesol Cymraeg Meilyr Brydydd yn dathlu'r ynys fel lleoliad atgyfodiad gogoneddus. Yn ei gerdd 'Marwysgafn', mae'n ei ymddiried ei hun i Dduw, gan ddyheu am i'w gorff gael gorffwys ymhlith y 20,000 o saint a gladdwyd yno, a chodi gyda hwy yn yr atgyfodiad. Hyd yn oed yng nghanol trafferthion, mae gan bererindodau ffordd o gadarnhau'r addewid o fywyd newydd. Yn ystod fy nhaith o adferiad, cefais gipolygon sydyn ar atgyfodiad fel gwirionedd byw, er ei fod yn aml yn teimlo ychydig y tu draw i fy nghyrraedd. Wedi'r cyfan, nid yw atgyfodiad byth yn digwydd yn ddi-oed. Mae'n rhaid i ni yn gyntaf fynd trwy boen Dydd Gwener y Groglith a thawelwch Dydd Sadwrn Sanctaidd cyn y gallwn sefyll yng ngoleuni a bywyd Dydd Sul y Pasg.

Croesawu ein nodau a'n creithiau

Wrth i mi orwedd ar fy soffa goch awr ar ôl awr, ddydd ar ôl dydd, wythnos ar ôl wythnos, fe'm gwelwn fy hun yn ymgodymu â Duw, fel Jacob yn llyfr Genesis (32:22–32). Yn rhwystredig ac mewn poen, fe'm cawn fy hun yn ymbil am adferiad buan, ac yn teimlo'n ddig wedyn pan oedd y wir sefyllfa yn methu ateb fy ngofynion. Mae arwyddocâd yr ymgodymu rhwng Jacob a Duw, fodd bynnag, yng nghanlyniad y digwyddiad yn gymaint ag ydyw yn y digwyddiad ei hun. Ar ddiwedd yr hanes, rhoddir pwrpas newydd ac ysgogiad ychwanegol i Jacob barhau â'i daith. Mae'n gwneud hynny, fodd bynnag, ac yntau wedi'i greithio'n gorfforol gan ei brofiad. Wedi'r cyfan, gadawodd yr ymgodymu ef yn gloff wedi iddo ddatgymalu ei glun. Trwy gyd-ddigwyddiad, roedd fy nioddefaint innau yn cynnwys poen arteithiol yn fy nghlun. Dechreuais deimlo cysylltiad â Jacob a'i gloffni. Byddai yntau wedi dioddef cythrwfl cyson a phoen barhaus. Ond daeth ei gryfder yn arwydd o'i ymdrech a byddai'n ei ysbrydoli ef a llawer un arall yn y dyfodol.

Fel Jacob, rydym i gyd yn byw gyda'n cloffni ein hunain. 'Af â'm nodau a'm creithiau gyda mi,' meddai Mr Cadarn-dros-y-gwir yn *Taith y Pererin*, John Bunyan. Mae fy mhlant wedi eu cyfareddu gan y graith ar fy nghefn, sy'n atgof o'r bollt titaniwm a roddwyd rhwng fy fertebrâu 18 mlynedd yn ôl i arbed fy nisg anafus. Ond nid rhai corfforol yw creithiau dyfnaf a mwyaf poenus ein bywydau. Boed yn weladwy neu guddiedig, boed wedi'u hysgythru ar y corff neu ar y galon, ni chaiff ein creithiau eu gwastraffu yn nwylo Duw. Trwyddo ef, mae ein profiadau yn y diffeithwch yn ein harfogi â thrugaredd a nerth i gynnal eraill sydd yn tramwyo eu hanialwch eu hunain. Er bod dioddefaint yn ein creithio, mae Duw yn ei drawsnewid i fod yn offeryn cariad, gofal ac iachâd. 'Y cerrig harddaf,' meddai James Bryan Smith, 'yw'r rhai sydd wedi'u taflu gan y gwynt a'u golchi gan y dŵr a'u caboli'n ddisglair gan stormydd cryfaf bywyd.'

Mae cyflwr fy asgwrn cefn wedi fy rhwystro rhag byw bywyd yn llawn ers fy 30au cynnar, a digon prin y caf wared o'r baich trwm hwn. Yn bell cyn i mi ailwaelu yn dilyn fy mhererindod, breuddwydiwn am ddeffro un diwrnod yn rhydd o boen barhaus a'r blinder o orfod trefnu fy mywyd dim ond er mwyn ei reoli. Ac eto, yn sgil gwaelu eto, rwyf wedi dod i weld rhywbeth annisgwyl. Mae fy mhoen wedi bod yn rhodd baradocsaidd, ryfedd. Yn amlwg nid yw yn rhodd y byddwn wedi'i dewis, ond mae'n sicr wedi fy siapio. Yn ystod fy nhaith tuag at adferiad, ymwelodd un o'r plwyfolion â mi a'm hannog i ddysgu caru fy nghefn, oedd yn ymddangos bron yn afresymol ar y pryd. Awgrymodd fy mod yn neilltuo amser bob dydd i adrodd myfyrdod yr oedd hi wedi'i gyfansoddi. Dechreuai trwy faddau i'm corff am fy ngollwng i lawr a maddau i'm hasgwrn cefn am ei wendid. Yna âi ymlaen i dderbyn fy helynt bresennol, dewis caru fy nghorff, yn union fel y mae, a'm caru fy hun, yn union fel yr wyf. Yn olaf, byddwn yn ymrwymo i groesawu'r dyfodol oedd gan Dduw ar fy nghyfer yn obeithiol a disgwylgar. Yn yr un modd, yn ein holl deithiau, beth bynnag yr ydym yn ei wynebu, gallwn gyfarfod y presennol â gras, y gorffennol â thrugaredd a'r ffordd ymlaen â gobaith.

Gwau cytgord newydd

Bu taith gignoeth fy ail bererindod o gymorth i mi sylweddoli, er nad yw Duw am i ni ddioddef, ei fod yn gallu trawsnewid ein trafferthion yn llwyr. Yn y *Silmarillion*, y stori gefndir i'w gyfres *Lord of the Rings*, mae Tolkien yn cyflwyno'i weledigaeth ei hun o'r greadigaeth, lle mae Duw yn dod â'r bydysawd i fod trwy ganu swynol a phersain angylion. Cyn bo hir, mae angel anhydrin a diffygiol yn torri i ffwrdd ac yn canu allan o diwn mewn ymdrech wyllt i achosi anghytgord ac anhrefn. Ac eto nid yw Duw, yn ei ddoethineb diderfyn, yn tawelu'r anghytgord. Yn hytrach, mae'n gwau harmoni newydd o'i gwmpas, gan drawsnewid hyd yn oed y nodau amhersain yn rhywbeth hardd. Yn y ffordd hon, mae hyd yn oed cwymp yr angel anufudd o ras yn cael ei gynnwys yn y pen draw ym mwriadau goruchel Duw.

Yn yr un modd, effeithir yn ddwys ar Dduw gan yr anghytgord yn ein bywydau ninnau ac y mae'n gweithio i adbrynu ac adfer cytgord. Nid oes goddefedd i ddioddefaint lle bo Duw yn y cwestiwn. Mae'n ysbrydoli ymatebion creadigol a dyfeisgar i'r sefyllfaoedd sy'n dod i'n rhan. Ar lefel arwynebol, gall haeriad yr apostol Paul fod 'Duw, ym mhob peth, yn gweithio er daioni gyda'r rhai sy'n ei garu' (Rhufeiniaid 8:28) ymddangos yn slic a hyd yn oed yn anwiredd. Wedi'r cyfan, mae llawer sy'n caru Duw yn dioddef yn ddifrifol. Fodd bynnag, nid yw'r dyfyniad hwn yn awgrymu bod y rhai sy'n ffyddlon yn ddiogel rhag treialon bywyd. Yn hytrach, mae'n cadarnhau'r gwirionedd fod Duw yn gweithio er daioni yng nghanol adfyd a phoen bywyd. Pa stormydd bynnag yr ydym yn eu hwynebu, mae Duw yn symud i hyrwyddo twf a llawnder bywyd.

Pan ddarganfu Michael J. Fox yn 29 oed ei fod yn dioddef o'r math o glefyd Parkinson's sy'n effeithio ar bobl ifanc, mewnffrwydrodd ei fyd. Ac eto, ers hynny, mae wedi dod â gobaith i gynifer trwy ei lyfrau ysbrydoledig a'i waith elusennol diflino, yn cynnwys dechrau sefydliad sydd wedi casglu $1 biliwn ar gyfer ymchwil feddygol. Wrth fyfyrio ar ei fywyd ers iddo dderbyn y diagnosis difrifol, daw i'r casgliad: 'Gall pethau da ddod o bethau drwg.' Fel Cristion, mae'r gwirionedd fod Duw yn gweithio trwy ein dioddefaint yn wirionedd canolog sy'n cadarnhau'r wireb hon. Er gwaethaf natur ddad-ddyneiddiol poen, gallwn ddal i sylwi bod Duw yn dod â daioni trwy hyd yn oed yr adegau mwyaf anobeithiol a diymgeledd, fel y mae marwolaeth ac atgyfodiad

Iesu yn datgan. Nid yw'n syndod fod yr apostol Paul yn ysgrifennu y gallwn 'orfoleddu yn ein gorthrymderau' (Rhufeiniaid 5:3). Trwy ddioddefaint y gwireddir gobaith.

Yn 2006, y flwyddyn yr oeddwn i yn gwella yn dilyn triniaeth lawfeddygol fawr ar fy nghefn, roedd gwraig ifanc yn yr un ddinas yn wynebu ei thrasiedi annychmygadwy ei hun. Roedd ganddi fab pum mlwydd oed a merch newydd-anedig, a chollodd ei gŵr i ganser ymosodol. Dros y pum mlynedd nesaf, cerddodd lwybr galar tra oeddwn i'n wynebu heriau poen barhaus ac anabledd. Yn ystod yr amser hwn o wella ac ymdrechu croesodd ein llwybrau a bu i ni syrthio mewn cariad. Yn fuan wedyn fe'n priodwyd mewn dathliad yn llawn gobaith a llawenydd. Rydym ein dau yn llwyr ymwybodol na fyddem efallai wedi canfod y rhodd eithriadol o'n priodas pe na byddem wedi goddef y teithiau unigol hynny o ddioddefaint. Ni fyddwn i chwaith wedi cael y fraint arbennig o garu dau o blant rhyfeddol a chael fy ngharu ganddynt. Ac yna, fel pe nas gellid rhagori ar ras, tyfodd ein teulu gyda dyfodiad rhodd arall – mab a brawd bach, gan ddod â llawenydd di-ben-draw i ni i gyd.

Wrth fyfyrio ar ei daith angerddol ei hun trwy golled a phoen, o dor calon anffrwythlondeb i lawenydd mabwysiadu, crisialodd Miroslav Volf y cyfan yn hyfryd pan ysgrifennodd: 'Gan ei fod wedi rhoi i mi yr hyn na allaf yn awr ddychmygu byw hebddo, trawsnewidiwyd gwenwyn yn rhodd, rhodd ryfedd Duw. Mae'r boen yn aros, wrth gwrs. Ond mae'r gwenwyn wedi mynd.' Trwy deilchion chwilfriw ein bywydau, mae Duw yn creu brithwaith gogoneddus.

AMSER I FYFYRIO

- Meddyliwch yn ôl i'r cyfnodau yn eich bywyd pan ddaeth Duw â harddwch, iachâd neu obaith allan o hyd yn oed y lleoedd mwyaf anodd. Oes yna glwyfau sydd wedi dod yn ffynonellau nerth neu adegau o drafferthion sydd wedi dyfnhau eich tosturi tuag at eraill?

- Yn eich teithiau presennol, ble rydych chi wedi gweld Duw yn gweithio'n dawel er daioni, hyd yn oed ar yr adegau tywyllaf neu anoddaf?

Epilog

Mae rhywbeth hardd iawn yn digwydd i bobl pan fydd eu byd wedi chwalu'n deilchion: mae gostyngeiddrwydd, urddas, deallusrwydd uwch yn ymddangos fel y bydd ein pengliniau yn taro'r llawr.
Marianne Williamson, awdur ac ymgyrchydd gwleidyddol

Fel bodau dynol, mae'n rhaid i chi ddeall bod adfyd yn rhan o'ch bywyd, a phan fydd yn digwydd, byddwch yn dod o hyd i chi eich hun.
Alex Ferguson, yn myfyrio ar ei yrfa fel rheolwr pêl-droed a'i adferiad yn dilyn gwaedlif ar yr ymennydd, yn y ffilm *Sir Alex Ferguson: Never Give In* (2021)

Heulwen a chysgodion

Mae cymaint o olygfeydd ysblennydd sydd yn gwneud i bererinion sefyll yn stond ar Daith y Pererin. Roedd fy hoff olygfa hanner ffordd ar hyd y llwybr. Ond ni ddaeth y panaroma syfrdanol hwn fel unrhyw syndod i mi. Roedd yn olygfa y byddwn yn syllu arni yn ddyddiol pan oeddwn yn blentyn yn tyfu i fyny ym Mhenmaenmawr ar arfordir Gogledd Cymru. Wrth i bererinion ddod dros y mynydd y tu cefn i fy nhref enedigol, a cherdded heibio'r Meini Hirion rhyfeddol, cylch o gerrig sy'n dyddio o'r cyfnod neolithig, fe'u hwynebir gan olygfa drawiadol o'r môr sydd yn edrych yn union drosodd i Ynys Seiriol.

Mae Ynys Seiriol oddi ar arfordir dwyreiniol Ynys Môn. Oddi ar ei harfordir gorllewinol, dros 30 milltir i ffwrdd, mae Ynys Cybi, a Chaergybi yw ei thref fwyaf. Cafodd y ddwy ynys fechan hyn eu henwi ar ôl Seiriol Wyn a Cybi Felyn, oedd yn fynachod Celtaidd yn byw ar eu hynysoedd eu hunain tua 1,500 mlynedd yn ôl. Fel plant yn tyfu i fyny dros yr afon o Ynys Seiriol, caem ein difyrru'n aml â stori cyfeillgarwch agos Seiriol a Cybi. Bob bore byddent yn teithio am chwe awr i gyfarfod ei gilydd yng Nghlorach yng nghanol Ynys Môn, cyn dychwelyd adref yn y prynhawn. Yn y bore, byddai Cybi yn cerdded i wynebu'r haul yn y dwyrain, a Seiriol yn cerdded â'i gefn at yr haul. Yn y prynhawn, pan fyddai'r haul wedi teithio ar draws yr awyr, byddai Cybi yn wynebu'r haul eto ar ei ffordd adref, tra byddai Seiriol unwaith eto yn cerdded â'i gefn at yr haul. O ganlyniad, roedd gan Cybi liw haul fyddai'n codi cywilydd ar Donald Trump ac roedd Seiriol yn wyn fel y galchen. Dyna sut y cawsant eu llysenwau – Seiriol Wyn a Cybi Felyn.

Roeddem yn meddwl bod hon yn stori ddoniol pan oeddem yn blant, a hynny'n bennaf oherwydd mai ein profiad ni yng Nghymru lawog oedd nad oeddem yn gweld yr haul yn aml! Ond, wrth i mi gofio'r stori hon yn ystod fy nhaith, fe'm trawodd nad oedd yn drosiad addas ar gyfer ein teithiau. Nid oedd y syniad bod yr haul yn tywynnu arnom *bob amser* neu ein bod yn cerdded mewn cysgodion tywyll *bob amser* yn adlewyrchu fy mhrofiad o'm pererindod. Ynghyd ag adegau o boen a chaledi yn ystod y daith roedd adegau hyfryd o ddyrchafol a llawen, yn ogystal ag adegau o ddatguddiad llwyr. Wedi'r cyfan, mae pererindodau yn ficrocosm o daith bywyd, ac mae gan ein bywydau i gyd uchelfannau ac iselfannau, llawenydd a phoen, a heulwen a chysgodion.

Er y gallaf yn awr ymffrostio fy mod wedi cerdded y 140 milltir o Daith y Pererin, y llwybr pererinion yr oeddwn wedi bod fwyaf o eisiau ei droedio oedd un enwocaf Ewrop. Mae'r Camino de Santiago yn daith 500 milltir yn dechrau yn ne Ffrainc ac yn gorffen yn Santiago de Compostela yng ngogledd-orllewin Sbaen. Yr oeddwn i fod i'w cherdded gyda ffrindiau ar ôl fy nhaith yng Ngogledd Cymru. Fodd bynnag, roeddwn yn torri fy nghalon am fod yn rhaid i mi dynnu allan o'r daith oherwydd yr anaf i'm cefn. I godi fy nghalon, daeth un o'm ffrindiau ag anrheg yn ôl i mi – pererin Santiago bach pren. Santiago yw'r enw Sbaeneg am Sant Iago sydd, yn ogystal â bod yn un o ddeuddeg disgybl Iesu, yn nawdd sant teithwyr. Y peth mwyaf trawiadol ynglŷn â fy mhererin Sant Iago bach, fodd bynnag, yw'r ffaith fod hanner ei wyneb yn dywyll a hanner ei wyneb yn olau. Tra oeddwn yn gwella o'm hanaf yn ystod fy ail bererindod, nid ar Seiriol a Cybi y byddwn yn edrych am gysur ac ysbrydoliaeth ond yn hytrach ar fy mhererin pren Santiago. Weithiau bydd ein bywydau yn hapus ac yn orfoleddus. Ond nid oes yr un ohonom yn cerdded yn yr heulwen braf trwy'r amser. Mae adegau pan fydd codi o'r gwely yn ymdrech fawr. Ac ar y dyddiau yn ystod fy adferiad pan oedd bywyd yn anodd, pan oeddwn yn teimlo yn bryderus, yn isel neu mewn poen, edrychwn ar fy Sant Iago pren er mwyn fy sicrhau fy hun y byddai'r heulwen yn torri trwodd er fy mod yn cerdded yn nhywyllwch cysgodion.

Y ffaith drawiadol arall am fy Sant Iago bach yw ei fod wedi'i wneud o froc môr. Mae'r goeden farw hon, a daflwyd o'r neilltu, wedi'i threulio a'i churo gan fôr a stormydd. Cafodd ei lunio wedyn gan grefftwr medrus yn rhywbeth hardd, rhywbeth sydd wedi llwyddo i godi fy nghalon mewn amseroedd dyrys. Felly, daeth fy Santiago broc môr yn emblem i'm goleuo a'm hysbrydoli. Wrth i mi syllu arno byddai yn f'atgoffa, waeth faint y byddwn yn teimlo ein bod yn cael ein curo a'n malurio gan stormydd bywyd a faint bynnag y byddwn yn teimlo ein bod ar goll ac wedi ein taflu o'r neilltu, mae Duw yn dal i weithio ynom ni, gan greu rhywbeth a all ddal i ddod â gobaith a llawenydd i eraill. Nid yw Duw yn defnyddio ein hadegau dyrchafol yn yr heulwen braf yn unig i ddod â gobaith, cariad a thrugaredd i'w fyd toredig. Mae hefyd yn defnyddio'r adegau poenus ac anodd pan fyddwn wedi dihoeni yn y cysgodion tywyll.

Tyfu trwy'r trafferthion

Yn ystod y blynyddoedd diweddar, mae cantorion-gyfansoddwyr wedi cael blas ar ysgrifennu caneuon ar gyfer eu plant. Mae geiriau dyrchafol a theimladwy caneuon pop fel 'Have it All' gan Jason Mraz, 'When it Comes to Love' gan Jamie Lawson a 'Nice to Meet You' gan Milow yn mynegi dyhead cryf i gadw plant yn ddiogel rhag niwed a dioddefaint. Yn record sengl lwyddiannus Mraz a werthodd filiynau o gopïau, er enghraifft, mae'n dymuno iechyd, cyfoeth a hapusrwydd 'diamau' i'w blentyn ifanc. Mae'r fideo sydd yn cyd-fynd â'r gân yn lliwgar, yn llawen ac yn hwyliog.

Yn y gân 'Wish You Pain', fodd bynnag, mae'r canwr-gyfansoddwr Andy Grammer yn rhoi neges i'w ferch fach sydd ar y dechrau yn ymddangos yn frawychus. Yn hytrach na dymuno iddi ddim ond llawenydd a hapusrwydd, mae'n gweddïo ar iddi brofi adfyd a dioddefaint. Er bod hyn efallai yn swnio'n galed neu hyd yn oed yn greulon, eglurodd Grammer mewn cyfweliad fod ei safbwynt yn deillio o'i daith boenus ei hun, yn cynnwys y trychineb o golli ei fam. Er ei fod drwyddo draw yn dymuno na fyddai wedi dioddef y golled honno, sylweddola ei fod yn brofiad canolog a'i gwnaeth yn berson mwy tosturiol a theimladwy.

Mae'r fideo cerddorol sy'n cyd-fynd â'r gân yn dod â'r neges yn fwy eglur. Ynddo, mae Grammer yn gwahodd ei ddilynwyr i rannu'r adegau o boen a ddylanwadodd ar eu bywydau a disgrifio sut y newidiodd y profiadau hynny hwy. Wrth i'r gân gael ei chwarae, gwelwn ei gefnogwyr yn siarad â Grammer tra dangosir eu storïau fel is-deitlau ar y sgrîn – straeon am alar, gwaeledd, anafiadau, gor-ddibyniaeth, anffrwythlondeb, diweithdra ac iselder ysbryd. Trwy eu geiriau, gallwn weld sut y bu iddynt ganfod twf a thrawsnewidiad yng nghanol eu trafferthion. Ymhell o fod yn ddymuniad creulon, mae'r gân felly yn fynegiant o gariad dwfn. Mae Grammer am i'w ferch dyfu i fod yn gyflawn ac yn wydn, ac yn dymuno iddi dderbyn nid yn unig lawenydd ond hefyd y nerth a'r doethineb a ddaw o wynebu heriau bywyd.

Mae'r pwyslais sydd yn y gân fod poen yn cyfrannu at ein twf ac yn angenrheidiol ar gyfer bywyd cariadlon a chyflawn yn adleisio damcaniaeth ddiwinyddol a gaiff ei hadnabod fel 'dyffryn i greu enaid'. Mae hyn yn cyd-fynd ag ymadrodd y bardd o'r bedwaredd ganrif ar bymtheg John Keats sydd yn crynhoi'r gred mai trwy boen a dioddefaint y mae ein heneidiau yn tyfu a datblygu. Credir bod dewrder, tosturi, cariad a gwydnwch yn ganlyniad i'n hymdrechion trwy ein trafferthion dyddiol. Dylai Cristnogion fod yn amheus o'r ddamcaniaeth hon ar ei phen ei hun i egluro'r angen am ddioddefaint. Wedi'r cyfan, mae'n beryglus mynnu bod angen dioddef er mwyn ein datblygiad personol. Ni all Cristnogion haeru bod Duw yn dymuno i ni brofi trawma a thrallod. Yn yr un modd, ni all y ddamcaniaeth gynnig esboniad dros y rhai sy'n cael eu dad-ddyneiddio a'u dinistrio i'r fath raddau gan eu dioddefaint fel nad oes cyfle iddynt dyfu. Er hynny, ni ellir gwadu nad oes llawer o bobl yn tyfu trwy stormydd bywyd a bod adfyd yn medru cyfrannu tuag at gynyddu empathi, tosturi a gofal am eraill sy'n wynebu treialon a thrallodion.

Ad-dalu dioddefaint

Mewn stori Islamaidd ganoloesol, dywedir bod gwraig yr athronydd Mullah Nasruddin wedi cael hyd iddo'n chwilio'r tir o gwmpas ei gartref. Dywedodd ef wrthi ei fod wedi colli ei allwedd. Wedi iddi ei helpu i chwilio, gofynnodd iddo yn y diwedd ble roedd wedi ei ollwng. Atebodd Nasruddin ei fod wedi ei golli yn y tŷ. 'Felly pam ar y ddaear rwyt ti'n chwilio amdano y tu allan?' gofynnodd ei wraig mewn penbleth. 'Am fod llawer mwy o olau allan yma nag yn y tu mewn,' atebodd Nasruddin. Yn yr un modd, mae ein byd cyfoes yn tueddu i chwilio'n fyrbwyll am dwf personol mewn lleoedd anaddas. Weithiau fe'n darbwyllir y dylid gwreiddio ein hunanddatblygiad mewn cyflawniadau a llwyddiannau. Dro arall, gwelir hapusrwydd, cyfoeth neu enwogrwydd fel yr allwedd i fywyd cyflawn. Ac eto, datgelodd fy mhererindod yng Ngogledd Cymru a'm taith tuag at adferiad y paradocs a ddysgwyd inni gan gymaint o bobl ddoeth – bod twf personol i'w ganfod rywsut neu'i gilydd yn ein hymateb i adfyd. Nid *er gwaethaf* y boen a deimlwn a'r dioddefaint a oddefwn yr ydym yn medru gwneud cyfraniad dyfnach i fywydau y rhai sydd o'n cwmpas, ond yn union *oherwydd* y trallodion yr ydym yn mynd trwyddynt.

Mae hwn, wrth gwrs, yn gysyniad sydd wedi ei wreiddio'n ddwfn iawn yn y dystiolaeth feiblaidd. Mae'r Hen Destament yn adrodd stori pobl sy'n canfod eu hunaniaeth yng nghanol caledi, boed hynny trwy ymfudiad, alltudiaeth neu orthrwm estron. Ond mae hefyd yn dod â storïau ysbrydoledig am unigolion sy'n codi uwchben adfyd. O Abraham, Joseff a Moses i Ruth, Esther a Daniel, gwelwn fywydau sy'n cael eu trawsnewid gan ffydd a gwydnwch. Yn y Testament Newydd, down ar draws cymeriadau fel y Forwyn Fair a'r apostol Paul sydd yn ymddiried yn llwyr mewn Duw a all ddod â daioni hyd yn oed o alar ac adfyd. Yn fwyaf pwerus, fodd bynnag, mae'r Testament Newydd ei hun wedi'i adeiladu o gwmpas hanes trosfwaol dioddefaint adbrynedig. Mae'r groes yn ein hatgoffa'n ddwys fod Duw yn bresennol yn y boen na fwriadodd erioed i ni ei ddioddef, tra bo'r atgyfodiad yn cyhoeddi'n feiddgar na fydd dioddefaint yn cael y gair olaf.

Ac felly nid yw Cristnogion yn edrych ar amser yn y cysgodion, â'n cefnau at yr haul, fel gwastraff amser. Mae Duw yn gweithio hyd yn oed yn ein brwydrau mwyaf blin, yn ailddehongli poen ac yn adbrynu dioddefaint. Pan fyddwn yn ymddangos o'r tywyllwch, byddwn nid yn unig yn dod yn fwy diolchgar am oleuni'r haul a wynebwn ond byddwn hefyd yn datblygu empathi dyfnach tuag at y rhai sy'n dal i fyw yn y cysgodion. Yn efengyl

Ioan, mae Iesu yn ein hatgoffa bod angen i hadau syrthio i'r ddaear dywyll, oer er mwyn dod allan i'r goleuni fel cynhaeaf hardd (Ioan 12:24). Nid bod pob hedyn yn ffynnu. Mae rhai hadau'n gwywo yn y ddaear galed ac ni ellir gwadu na all brwydrau bywyd ein blino neu hyd yn oed ein torri. Ond yn baradocsaidd, i lawer, mae'r heriau hyn yn gosod y sylfaen ar gyfer ffynnu. Maent yn ein harwain at well dealltwriaeth ohonom ein hunain ac o'n rhan ym mywydau pobl eraill. Mae'r seicolegydd Richard Farson yn disgrifio hyn fel 'damcaniaeth twf drwy drychineb', lle mae adegau allweddol o argyfwng, er yn boenus, yn ailddiffinio'r ffordd yr ydym yn ein gweld ein hunain ac felly yn catalyddu trawsnewidiad personol. Nid yw canlyniad digwyddiadau trychinebus bywyd yn rhagbenodedig. Tra bo rhai yn suddo i anobaith bydd eraill yn canfod llwybr yn y rwbel i dwf ffyniannus, gwydnwch a gobaith.

Rhoddion sy'n dal i gymryd

Yn araf ond yn sicr, dechreuais sylwi ar rywbeth arwyddocaol yn y brwydrau yr oeddwn yn eu hwynebu yn fy nhaith o adferiad iechyd. Nid y byddwn wedi dewis mynd trwy drybestod ac iselder. Ni fyddwn chwaith yn honni bod rhywbeth gwell wedi dod allan o'r sefyllfa. Fodd bynnag, roeddwn yn dyst i'r gwirionedd hynod fod Duw yn bresennol yn ein dioddefaint, yn gweithredu'n barhaus ym mhob sefyllfa i ddod ag iachâd, daioni ac adbryniad. Fel y dywed yr athronydd Thomas Jay Oord: 'Mae Duw yn gwasgu rhywbeth da allan o'r drwg nad oedd arno ei eisiau yn y lle cyntaf.'

Yn anterth ei yrfa, roedd y dewin Prydeinig Dynamo yn cyfareddu miliynau ledled y byd â'i berfformiadau syfrdanol. Fodd bynnag, daeth ei enwogrwydd sydyn i ben pan drawyd ef gan afiechyd parhaus didrugaredd yn dilyn tynnu rhan o'i goluddyn oherwydd ei fod yn dioddef o glefyd Crohn's. Yn y gyfres deledu Sky *Dynamo: Beyond Belief*, sydd yn cofnodi ei adferiad, mae'n gofyn yn ingol: 'Beth petawn yn medru troi fy anabledd yn allu goruwchnaturiol?' Yn yr un modd, mae'r actor Michael J. Fox, sydd wedi ymladd clefyd Parkinson's am dros dri degawd, yn cyfeirio at ei gyflwr fel 'rhodd', er ei fod yn ychwanegu yn blwmp ac yn blaen ei fod yn 'rhodd sy'n dal i gymryd'. Mae caledi bywyd yn dod mewn llawer dull a modd, boed yn afiechyd, galar, pryder, tor perthynas neu golli bywoliaeth. Fodd bynnag, hyd yn oed ar yr adegau tywyll hynny, mae presenoldeb Duw yn ein gwahodd i ddarganfod y gwirionedd paradocsaidd fod yna gysylltiad agos rhwng cysgodion a heulwen.

Mae hwn yn rhywbeth yr oedd gan ein hynafiaid ysbrydol ddealltwriaeth ddofn ohono. Yn ddiddorol, mewn Hebraeg, gellir cyfieithu o leiaf dau air am 'baich' (*maseth* a *yehabeka*) fel 'rhodd' hefyd. Mae'r ystyr deuol hwn yn trawsnewid darlleniad nifer o adnodau ysgrythurol, gan gynnwys Salm 55:22, y gellir ei chyfieithu fel: 'Bwrw dy *rodd* ar yr Arglwydd, ac fe'th gynnal di.'

Er hynny, i'r mwyafrif ohonom, dim ond wrth edrych yn ôl y byddwn yn cydnabod y gall adegau o drybestod fod yn rhoddion i'w derbyn yn hytrach nag amseroedd i'w dioddef. Wrth i ni deithio trwy dir diffaith ein beichiau, ychydig o gysur sydd mewn gwybod y byddwn efallai rhyw ddiwrnod yn edrych ar y frwydr fel rhan o'n gallu goruwchnaturiol. Wrth i mi orwedd mewn poen ar fy soffa goch, nid oedd croeso i gyffredinebau er mor glodwiw oedd eu bwriad. Nid oedd gennyf amynedd i wrando ar ystrydebau na doethinebau wedi'u cyflwyno'n daclus. Yr hyn a wnaeth fy nghyffwrdd mewn gwirionedd yn y munudau amrwd, bregus hynny oedd y sicrwydd tawel fod Duw yn cerdded wrth fy ochr, waeth pa mor bell y teimlai. Atseiniai'r gwirionedd syml ond sicr hwn yn ddwfn. Roedd yn fy atgoffa o'r addewid beiblaidd am gwmnïaeth Duw. Mae'n cyfeirio'n ôl at gytgord Eden, lle cerddodd Duw gyda dynoliaeth (Genesis 3:8; gweler hefyd Lefiticus 26:12), ac yn pwyntio ymlaen at y gobaith am baradwys arall eto i ddod yn y dyfodol.

Yn ei llyfr *Wayfarer*, mae Phoebe Smith yn rhannu ei thaith ei hun ar hyd Taith y Pererin gan ddisgrifio'n fyw y trafferthion oedd yn gyfarwydd iawn i mi. Ysgrifenna am ei rhwystredigaeth o golli ei ffordd, artaith syched anniwall, a heriau didrugaredd weiren bigog, llaid trwchus, a hyd yn oed wynebu gyrroedd bywiog o wartheg. Gan fyfyrio ar ei phrofiad, mae'n cynnig diffiniad cryno a thrawiadol o bererindod: 'tro gerdded wedi ei nodi gan heriau a rhwystrau'. Mewn gwirionedd, fodd bynnag, nid y peryglon corfforol y cyfeiria atynt oedd gwir frwydrau'r bererindod. Wrth iddi deithio, myfyriai dros galedi'r gorffennol a'r presennol oedd yn cynnwys galar, trais yn y cartref, unigrwydd a rhagfarn. Edrych yn ôl ac wynebu llanast ac anlwc ei bywyd oedd gwir her ei thaith.

Yn debyg iawn i hynny, nodir llawer o'n teithiau mewn bywyd â phoen a thrafferthion. Weithiau, bydd ein teithiau yn gwneud niwed i'n hiechyd corfforol. Yn aml, fodd bynnag, byddwn yn wynebu brwydrau mewnol ar ein teithiau, wrth i feddyliau a myfyrdodau bwyso'n drwm arnom. Nid arbedir yr un ohonom rhag llwybrau tywyllaf pererindodau bywyd. Er hynny, i'r Cristion, mae'r alwad i lynu wrth obaith yn amlwg, hyd yn oed pan fydd cysgodion yn bygwth cuddio'r ffordd ymlaen. Fel yr ysgrifenna'r actor Anna Deavere Smith, rhaid i ni fod yn 'hopeaholics'.

Dal i symud ymlaen

Mae hyrwyddo gobaith yn wyneb adfyd wedi bod yn daith bywyd i mi. Bymtheng mlynedd yn ôl, ysgrifennais lyfr oedd yn mynegi teimladau llawer un arall, yn archwilio'r ymchwil am obaith ac ystyr yn ein bywydau. Ond cychwynnodd fy nhaith fel awdur lawer ynghynt pan gyhoeddais fy narn cyntaf o waith pan oeddwn yn 13 mlwydd oed ac yn annioddefol, yn gwisgo côt ddu laes ac yn ymhyfrydu ym mhopeth digalon a phruddglwyfus. Cerdd fer oedd 'Penmaenmawr Mountain' a ymddangosodd mewn llyfr gan lyfrgell y sir. Yn nodweddiadol o 'goth' yn ei arddegau fel yr oeddwn ar y pryd, roedd y gerdd yn dywyll a phrudd, yn diferu o besimistiaeth, tristwch ac anobaith. Yn y cyfansoddiad, rwyf yn edrych allan ar y mynydd y tu ôl i gartref fy mhlentyndod ac yn gweld y chwarelwyr yn cloddio am wenithfaen, yn rhwygo ymysgaroedd y ddaear ac yn dinistrio'r tirlun hardd:

'I lift up mine eyes unto the hills'.
But all I see is an enormous black hole like a gaping wound.
The buzzard circles like a vulture over a corpse.
The mist hangs low as if the sky weeps for the death of a mountain.

Mae'r gerdd drymaidd hon yn gorffen gyda'r tyfiant gwyrddlas llachar a addurnai'r copa urddasol unwaith yn cael ei ddisodli gan lwch a cherrig chwilfriw a'r Iesu croeshoeliedig yn datgan: '*It is finished.*'

Wrth i mi gerdded ar draws yr union fynydd hwnnw yn ystod fy mhererindod, daeth y gerdd i'm meddwl, a myfyriais ar yr hanner-gwir yr oedd yn ei ddweud. Wedi'r cyfan, mae'r gerdd yn methu gweld y gobaith a'r llawenydd y mae'r mynydd yn dal i'w cynnig. Yn sicr, nid ei groeshoeliad oedd diwedd y stori. Am filoedd o flynyddoedd, roedd y mynydd wedi bod ar drugaredd newid hinsawdd a thywydd garw, gan oroesi gweithgarwch llosgfynyddol, rhew trwchus a hyd yn oed cyfnod wedi suddo dan ddŵr. Yna, yn ystod y canrifoedd diweddar, creithiwyd y tirlun gan raib mympwyol gweithgarwch diwydiannol. Ond, wrth i mi ddilyn yr hen ffordd Rufeinig ar y mynydd yn ystod fy mhererindod, sylwais fod harddwch y copa yn dal yn ddiamhariad. Yn wir, roedd hyd yn oed rhai o'r creithiau oedd arno wedi dod yn rhan o'i harddwch ac yn tystio i'w atgyfodiad gogoneddus.

Hanner ffordd ar hyd Taith y Pererin, yn sefyll yng nghanol harddwch ac urddas mynydd fy nhref enedigol, cefais nerth i fynd ymlaen. Er fy mod yn flinedig, mewn poen ac yn gloff oherwydd fy mhen-glin anafus, sylweddolais fod y math o obaith yr ydym yn ei ganfod yn rhyfeddod natur, yng nghysur cyfeillgarwch a theulu, neu yn sicrwydd tawel presenoldeb Duw, yn rhoi'r dewrder i ni ddal i symud ymlaen. Y gobaith hwn sydd yn ein cynnal, hyd yn oed pan fo'r llwybr yn ymddangos yn gaeëdig a'r dyfodol yn teimlo'n amhosibl. Wrth i ni deithio ymlaen, gan wynebu saethau ac ergydion ffawd ysgeler, tyfwn mewn empathi a thosturi tuag at eraill sy'n cario eu beichiau trwm eu hunain ar eu teithiau. A, thrwy'r cyfan, byddwn yn cerdded un cam yn unig ar y tro, weithiau yn yr heulwen, weithiau yn y cysgodion, a daliwn ein gafael yn y gobaith y caiff pob un o'r camau hynny eu had-dalu. Yna, wrth edrych yn ôl, byddwn yn gweld gwirionedd geiriau Kierkegaard, sydd yn berthnasol i'n holl deithiau mewn bywyd: 'Os daliaf i gerdded, bydd popeth yn iawn.'

Arweiniad astudio

Cynlluniwyd yr arweiniad astudio cryno hwn ar gyfer ysgogi myfyrdod dyfnach i unigolion neu i ennyn trafodaeth fywiog mewn grwpiau bach. Gellir ei ddefnyddio yn ystod y Grawys, yr Adfent neu unrhyw adeg arall o'r flwyddyn. Os ydych yn ei ddilyn yn ystod y Grawys, gellir ystyried cwestiynau'r Prolog ar Ddydd Mercher Lludw, yn cael eu dilyn gan y chwe phennod yn ystod chwech wythnos y Grawys, ac yna cwestiynau yr Epilog ar Ddydd Sul y Pasg (neu rywbryd yn ystod wythnos y Pasg).

Prolog

1 Ydych chi erioed wedi bod ar bererindod neu wedi cerdded rhan o lwybr pererinion? Sut brofiad oedd hynny? Ystyriwch uchelfannau ac iselfannau'r daith – beth wnaeth eich ysbrydoli, beth wnaeth eich herio a sut y bu i'r daith ddylanwadu ar eich ffydd.

2 Mae bywyd ei hun yn llawn teithiau – rhai yn llawen, rhai yn anodd, rhai yn annisgwyl. Meddyliwch am ran o'ch bywyd sydd fel pererindod, boed hynny yn eich ffydd, eich perthynas ag eraill, eich gwaith neu eich iechyd. Ble gwelsoch chi Dduw ar waith ar hyd y ffordd?

3 Ym mhrysurdeb bywyd, mae'n hawdd rhuthro trwy ein teithiau heb sylwi ar bresenoldeb Duw. Sut y gallech chi greu lle i arafu a bod yn fwy ymwybodol ohono ef? Ystyriwch ffyrdd ymarferol i sylwi ar Dduw yn eich bywyd bob dydd.

4 Pa bryd y bu i chi deimlo agosaf at Dduw – yn ystod adegau o lawenydd neu mewn amseroedd o drafferthion? Neu efallai mai yn yr adegau rhwng y ddau? Myfyriwch ar sut y gallwn ddod yn fwy ymwybodol o bresenoldeb Duw ym mhob tymor o fywyd, nid ar yr adegau amlwg yn unig.

Ar gyfer gweddi
Gweddïwch y byddwn yn agor ein llygaid i bresenoldeb Duw yn ein teithiau – trwy'r bobl y byddwn yn eu cyfarfod, y lleoedd y byddwn yn ymweld â hwy a'r adegau y cawn brofiad ohonynt, boed yn llawen, yn heriol neu yn dawel. Boed i ni adnabod ei deyrnas ar waith yn nhaith bywyd, hyd yn oed yn ein munudau prysuraf ac anoddaf.

Pennod 1 Dioddefaint

1 Pa mor anodd yw ymddiried yn Nuw yn ystod tymhorau tywyll bywyd? Ydych chi erioed wedi gorfod pwyso arno yn ystod adeg o ddioddefaint, ansicrwydd neu golled? Ystyriwch eich profiad neu amser pan welsoch rywun arall yn eu trafferthion yn glynu wrth ffydd.

2 Gall gwaeledd, pryder a bod dan bwysau deimlo'n llethol weithiau. Ble gallwn ni ganfod cysur neu dangnefedd yn ein teithiau trwy'r diffeithwch? Oes yna rywbeth sydd wedi eich helpu chi i ddal gafael ar obaith trwy adegau heriol?

3 Gall ofn ac edifeirwch deimlo fel beichiau trwm. Oes yna adegau wedi bod yn eich teithiau pan oeddent yn ymddangos yn anorchfygol? Ystyriwch sut y bu i chi weithio trwy feddyliau negyddol a beth fu o gymorth i chi symud ymlaen.

4 Ydych chi erioed wedi teimlo bod Duw yn bell neu yn dawel ar eich taith? Sut y bu i hynny effeithio ar eich ffydd? Ystyriwch y syniad y gallai gweddi gynnwys yr holl amrediad o emosiynau dynol, yn cynnwys dicter, rhwystredigaeth a phrotest. Sut y gall y Beibl ein helpu pan fyddwn yn teimlo fel hyn? Oes yna storïau, llyfrau neu adnodau penodol a allai ein cysuro a'n hannog pan fyddwn yn wynebu adfyd?

Ar gyfer gweddi

Gweddïwch am i oleuni Duw ddisgleirio yn y lleoedd ble rydym yn dal i gario poen neu drafferth. Gofynnwch am ei iachâd, ei dangnefedd a'i bresenoldeb yn ein bywydau, yn arbennig ar adegau pan fyddwn yn ei chael yn anodd i ymddiried ynddo. Boed i ni ddysgu pwyso ar Dduw yn ein teithiau, gan wybod ei fod yn cerdded wrth ein hochr.

Pennod 2 Rhyfeddod

1 Pa mor aml y byddwch chi'n aros i amsugno harddwch creadigaeth Duw? Boed yn goed uchel, blodau tyner, cân yr adar ar doriad gwawr, cwmni anifeiliaid anwes neu hyd yn oed lawenydd syml planhigyn tŷ, pa ran o'r byd naturiol sy'n eich ysbrydoli fwyaf? Ystyriwch beth sy'n codi eich ysbryd ac yn eich helpu i gysylltu â Duw trwy'r greadigaeth.

2 Mae'r Beibl yn galw arnom i ofalu am greadigaeth Duw, ond beth yw ystyr hynny yn eich bywyd bob dydd? Pa gamau ymarferol allwch chi eu cymryd, mawr neu fach, i amddiffyn a meithrin y byd o'n cwmpas? Ystyriwch sut y gallwch fyw mewn ffordd sy'n anrhydeddu Duw a'r amgylchedd.

3 Mae gan lawer ohonom le arbennig ble byddwn yn teimlo'n arbennig o agos at Dduw. Ble mae'r lle hwnnw i chi? Gallai fod yn rhywle ym myd natur, eglwys, ystafell dawel neu hyd yn oed stryd brysur mewn dinas. Beth sy'n gwneud y lle hwn mor ystyrlon, a sut y mae'n eich helpu i gysylltu â phresenoldeb Duw?

4 Gall rhyfeddod Duw ein cyffwrdd mewn llawer dull a modd, trwy natur, cerddoriaeth, cyfeillgarwch, storïau, chwerthin neu hyd yn oed ar adegau sy'n ymddangos yn ddigon cyffredin. Ble rydych chi'n profi synnwyr o barchedig ofn a llawenydd fel arfer? Ystyriwch amser pan fu i rywbeth eich ysbrydoli o ddifrif a'ch gwneud yn ymwybodol o bresenoldeb Duw.

Ar gyfer gweddi
Gweddïwch y bydd Duw yn agor ein llygaid i'w ryfeddod ym mhob moment. Gofynnwch iddo ein helpu i adnabod ei bresenoldeb yn y greadigaeth ac i fod yn ofalus o'r harddwch y mae wedi ei roi o'n cwmpas. Yn olaf, gweddïwch y bydd ein calonnau yn cael eu cyffroi i ofalu am bopeth byw ac i anrhydeddu'r byd y mae wedi ei ymddiried i ni.

Pennod 3 Arwyddion

1 Ym mha ffyrdd yr ydych yn teimlo bod Duw yn cyfathrebu â chi? Ystyriwch y ffyrdd yr ydych yn teimlo bod Duw yn siarad i mewn i'ch bywyd, trwy ysgrythur, gweddi, pobl eraill neu eich cymell o'r tu mewn efallai. Sut yr ydych chi yn gwneud lle i glywed ei lais yng nghanol sŵn bywyd bob dydd?

2 Ydych chi erioed wedi cael profiad o gyd-ddigwyddiad annisgwyl oedd yn teimlo'n rhy ystyrlon i fod yn hap a damwain? Ystyriwch unrhyw adegau o gydamseredd yn eich bywyd, adegau pan fu i chi synhwyro y gallai Duw fod ar waith yn y cefndir.

3 Sut yr ydych chi'n dirnad beth yw ewyllys Duw ar gyfer eich bywyd? A ydyw byth yn bosibl bod yn hollol sicr? Trafodwch ffyrdd y gallech adnabod arweiniad Duw a'r heriau posibl o geisio gwybod beth yw ei ewyllys yn eich bywyd.

4 Ydych chi erioed wedi derbyn yr hyn oedd yn teimlo fel 'arwydd' gan Dduw? Ystyriwch adeg yn eich bywyd pan oeddech yn teimlo bod Duw yn eich arwain i gyfeiriad penodol. Sut y bu iddo ddylanwadu ar eich dewis neu ddyfnhau eich ffydd?

Ar gyfer gweddi

Gweddïwch am galonnau a meddyliau agored i adnabod y ffyrdd y mae Duw yn siarad â ni. Gofynnwch i Iesu ein harwain i ddirnad ei ewyllys a'n hamddiffyn rhag dryswch neu gamddealltwriaeth. Yn olaf, treuliwch foment mewn distawrwydd, yn gwrando am lef ddistaw fain Duw.

Pennod 4 Cwmni

1 Pa mor bwysig yw cwmnïaeth yn eich bywyd? Meddyliwch pwy ymhlith eich ffrindiau a'ch teulu sydd wedi bod yno i chi ar eich teithiau diweddar mewn bywyd, yn dathlu eich uchelfannau ac yn eich codi trwy'r iselfannau.

2 Ai chwerthin yn wir yw'r moddion gorau? Ystyriwch amseroedd pan fu i lawenydd, hwyl neu chwerthin eich cario trwy adegau anoddaf bywyd. Sut y gallwch chi aros yn agored i rodd Duw o chwerthin a gadael i hynny godi eich calon, hyd yn oed mewn amseroedd anodd?

3 Gall dieithriaid fod yn angylion mewn cuddwisg, ond ydych chi mewn gwirionedd yn sylwi arnynt? Pa mor hawdd yw gwisgo 'sbectol Crist' ac adnabod Iesu yn y bobl yr ydych yn eu cyfarfod? Ystyriwch pam fod hyn mor heriol i lawer ohonom.

4 Mae emyn hoff yn datgan: 'O'r fath gyfaill ydyw'r Iesu.' Ond beth mae'n ei olygu o ddifrif i alw Iesu yn 'gyfaill'? Ydych chi'n medru uniaethu â hynny? Myfyriwch ar sut y mae eich cyfeillgarwch â Iesu yn dylanwadu ar y ffordd yr ydych yn cysylltu ag eraill yn eich bywyd bob dydd.

Ar gyfer gweddi

Gofynnwch i Dduw ein helpu i goleddu a meithrin ein perthynas â ffrindiau a theulu. Gweddïwch am galon sy'n gwir werthfawrogi'r rhai sy'n dod â chysur, llawenydd a gobaith i'n bywydau. Yn olaf, cymerwch ychydig funudau tawel i orffwys ym mhresenoldeb Duw, gan adael i'w Ysbryd ein hamgylchynu mewn llonyddwch.

Pennod 5 Dibyniaeth

1 Pa mor hawdd yw i chi ollwng eich gafael ar yr angen i reoli? Ystyriwch adegau pan oedd ofn neu bryder yn ei gwneud yn anodd i ymddiried y byddai pethau yn gweithio allan. Ble roedd Duw ar yr adegau hynny?

2 Myfyriwch ar y 24 awr sydd newydd fynd heibio – pa mor aml y bu i chi ddibynnu ar bobl eraill? Efallai y byddwch am ystyried y bwyd yr ydych wedi ei fwyta, y cludiant a ddefnyddiwyd gennych, lleoedd y bu i chi ymweld â hwy, ac yn y blaen. Sut y gallai cydnabod eich dibyniaeth ar eraill ddyfnhau eich dealltwriaeth o ddarpariaeth Duw yn eich bywyd?

3 Am beth yr ydych yn ddiolchgar heddiw? Myfyriwch ar sut y gallwch feithrin agwedd ddyddiol o ddiolch a dod yn fwy ymwybodol o'r bendithion sydd o'ch cwmpas ym mhobman.

4 Sut y gallwch chi 'dalu ymlaen' fendithion a rhoddion eich bywyd? A allech chi ymrwymo i gyflawni gweithredoedd syml o garedigrwydd yn ystod yr wythnosau nesaf?

Ar gyfer gweddi
Gweddïwch y byddwn yn dod i wir gydnabod y rhoddion y mae Duw wedi eu rhoi yn ein bywydau ac y byddwn yn adlewyrchu ei haelioni diderfyn yn y ffordd yr ydym yn ymwneud ag eraill. Gofynnwch i Dduw agor ein llygaid i'r adegau bob dydd pan allwn rannu ei gariad, gan wybod y gall hyd yn oed y gweithredoedd lleiaf o garedigrwydd wneud gwahaniaeth.

Pennod 6 Gobaith

1 Pa mor hawdd yw edrych y tu hwnt i'ch trafferthion eich hun i ddod yn ffynhonnell gobaith i eraill? Ystyriwch sut y gallai dim ond bod yn bresennol ac 'ar gael' fod yn rhodd i'r rhai sydd o'ch cwmpas.

2 Galwch yn ôl foment o lawenydd o'ch gorffennol. Pa bryd yr oedd hynny? Pwy oedd gyda chi? Beth ddigwyddodd? Myfyriwch ar sut y gall yr atgof hwnnw ddod â gobaith i'ch presennol a'ch dyfodol.

3 Ystyriwch y syniad fod eich creithiau, yn gorfforol ac emosiynol, yn helpu i lunio pwy ydych chi. Ym mha ffyrdd y mae eich trafferthion chi eich hun wedi cael eu trawsnewid i fod yn rhywbeth a all fod yn rhodd i eraill? Sut y mae Duw wedi ad-dalu'r profiadau hynny, gan eu troi yn dystiolaeth o obaith?

4 Ble rydych chi yn canfod gobaith? Ystyriwch ble gallech chi ganfod arwyddion o fywyd newydd ac atgyfodiad, yn eich bywyd eich hun ac yn y byd o'ch cwmpas. Sut y gall adnabod yr adegau hynny atgyfnerthu eich ffydd?

Ar gyfer gweddi
Gweddïwch dros bawb sy'n wynebu eu trafferthion eu hunain, eu 'nosweithiau tywyll yr enaid' eu hunain. Mewn munud o ddistawrwydd, cymerwch amser i ystyried y rhai yr ydym yn eu hadnabod yn bersonol sy'n mynd trwy amseroedd anodd. Gofynnwch i Dduw ddod â chysur, nerth ac ymdeimlad newydd o obaith iddynt.

Epilog

1 Cymerwch foment i adlewyrchu ar eich bywyd – eich tymhorau o lawenydd yn ogystal â'r adegau mwy heriol. Sut y bu i'r profiadau hyn ddylanwadu arnoch? Ym mha ffyrdd y mae cariad Duw wedi eich cario trwy uchelfannau ac iselfannau bywyd, gan roi nerth a chysur i chi?

2 Myfyriwch ar y trafferthion yr ydych wedi eu hwynebu. Ydyn nhw wedi dyfnhau eich empathi a'ch tosturi? Ystyriwch a yw stormydd bywyd yn eich cyfoethogi ac yn eich galluogi i ymdeimlo'n well â phoen pobl eraill. Sut y gallwch chi ddefnyddio eich profiadau eich hun i ddisgleirio fel ffaglau o obaith yn y tywyllwch?

3 Ystyriwch y straeon beiblaidd o ddioddefaint a ad-dalwyd, wrth i bobl sydd yn teithio yn y diffeithwch ddod allan wedi eu trawsnewid. Pa un o'r storïau hyn sydd yn siarad ddyfnaf â chi? Sut y mae'r ysgrythur yn datgelu ei hun fel llyfr o atgyfodiad a gobaith?

4 Wrth i chi edrych yn ôl ar eich taith trwy'r llyfr hwn, â pha fewnwelediadau yr ydych wedi uniaethu fwyaf? Pa wirioneddau fydd yn mynd â chi ymlaen ac a allai eich ysbrydoli i wneud newidiadau yn eich bywyd eich hun?

Ar gyfer gweddi

Gweddïwch y bydd presenoldeb Duw yn trawsnewid ein teithiau wrth i ni agor y cyfan o'n bywydau, yr heulwen a'r cysgodion, i'w gariad. Gofynnwch am gael ein llunio i fod yn gludwyr ei addewid am fywyd newydd ac am i ni ddod yn gyfryngau ei oleuni a'i obaith.

Llyfryddiaeth

Mae llawer o'r dyfyniadau yr wyf wedi eu defnyddio yn y llyfr hwn wedi eu casglu dros lawer o flynyddoedd o ffilmiau, llyfrau, papurau newydd, geiriau caneuon, ffynonellau rhyngrwyd dibynadwy a rhaglenni teledu. Fodd bynnag, er mwyn rhoi cyfle i'r darllenwyr archwilio pynciau ymhellach, rwyf yn cynnwys llyfryddiaeth o'r testunau a ddefnyddiwyd wrth ysgrifennu'r llyfr hwn.

David Abram, *The Spell of the Sensuous: Perception and language in a more-than-human world* (Vintage, 1997)

Aelred of Rievaulx, *Spiritual Friendship: The classic text with a spiritual commentary* (Ave Maria Press, 2008)

Khaled Anatolios, 'Divine Disponibilité: The hypostatic ethos of the Holy Spirit', *Pro Ecclesia*, 12.3 (2003)

Augustine, *The City of God* (Penguin Classics, 2003)

Augustine, *Confessions* (Penguin Classics, 2003)

Karl Barth, *Church Dogmatics Volume 2 Part 1: The doctrine of God* (T&T Clark International, 2003)

Richard Bauckham, *Gospel of Glory: Major themes in Johannine theology* (Baker Academic, 2015)

Bernard D. Beitman, *Connecting with Coincidence: The new science for using synchronicity and serendipity in your life* (Health Communications, 2016)

Nikolai Berdyaev, *The Divine and the Human* (Semantron Press, 2009)

Dietrich Bonhoeffer, *Sanctorum Communio: Dietrich Bonhoeffer Works, Volume 1* (Fortress Press, 2009)

Dietrich Bonhoeffer, *Life Together* (SCM, 2015)

David J. Bosch, *Transforming Mission: Paradigm shifts in theology of mission* (Orbis, 1991)

Brian Brock, *Wondrously Wounded: Theology, disability, and the body of Christ* (Baylor, 2019)

Walter Brueggemann, *An Introduction to the Old Testament: The canon and Christian imagination* (Westminster John Knox Press, 2021)

Will Buckingham, *Hello, Stranger: Stories of connection in a divided world* (Granta, 2021)

John Bunyan, *Taith y Pererin* (trosiad Cymraeg E. Tegla Davies, Hughes a'i Fab, 1931)

Oliver Burkemann, *Four Thousand Weeks: Time management for mortals* (Vintage, 2022)

Joseph Campbell, *The Hero with A Thousand Faces* (New World Library, 2012)

Fritjof Capra, *The Web of Life: A new scientific understanding of living systems* (Anchor, 1997)

Clare Carlisle, *Philosopher of the Heart: The restless life of Søren Kierkegaard* (Penguin, 2020)

Geoffrey Chaucer, *The Canterbury Tales* (Penguin Classics, 2003)

Joan Chittister, *Between the Dark and the Daylight: Embracing the contradictions of life* (Image, 2015)

Kate Clanchy, *Some Kids I Taught and What They Taught Me* (Swift Press, 2022)

John Clare, *Major Works* (OUP, 2008)

Douglas Coupland, *Life after God* (Simon & Schuster, 2002)

Mihaly Csikszentmihalyi, *Flow: The psychology of optimal experience* (Harper Perennial, 2008)

Dante, *The Divine Comedy: Inferno, Purgatorio, Paradiso* (Penguin Classics, 2012)

Jacques Derrida, *Hospitality: Volume I* (University of Chicago Press, 2023)

Jacques Derrida, *Hospitality: Volume 2* (University of Chicago Press, 2024)

John Donne, *Selected Poems* (Penguin Classics, 2006)

Ian Dunt and Dorian Lynskey, *Conspiracy Theory: The story of an idea* (W&N, 2024)

Mary C. Earle, *Celtic Christian Spirituality: Essential writings* (SPCK, 2012)

Meister Eckhart, *Selected Writings* (Penguin Classics, 1994)

Edith Eger, *The Choice: A true story of hope* (Rider, 2018)

Mircea Eliade, *The Sacred and the Profane* (OUP, 2012)

Elisabeth Elliot, *Suffering is Never for Nothing* (B&H, 2019)

Mark W. Elliott, *Providence: A biblical, historical, and theological account* (Baker Academic, 2020)

Albert Ellis, *Rational Emotive Behavior Therapy: A therapist's guide* (Impact, 2016)

Epicurus, 'Letter to Menoeceus' in *The Essential Epicurus* (Prometheus, 1993)

Bruce G. Epperly, *Process Theology: Embracing adventure with God* (Energion, 2014)

Joseph Epstein, *Friendship: An exposé* (Mariner, 2007)

Steve Farrar, *Manna: When you're out of options, God will provide* (Nelson, 2016)

Richard Farson and Ralph Keyes, *Whoever Makes the Most Mistakes Wins: The paradox of innovation* (Free Press, 2002)

Charles Foster, *The Sacred Journey* (Thomas Nelson, 2010)

Richard Foster, *Celebration of Discipline: The path to spiritual growth* (Hodder and Stoughton, 2005)

Richard J. Foster and James Bryan Smith (eds), *Devotional Classics: Selected Readings for Individuals and Groups* (Hodder and Stoughton, 1993)

Michael J. Fox, *Lucky Man* (Ebury, 2003)

Michael J. Fox, *No Time Like the Future: An optimist considers mortality* (Headline, 2020)

Viktor E. Frankl, *Man's Search for Meaning: The classic tribute to hope from the Holocaust* (Rider, 2004)

John Gillibrand, *Disabled Church – Disabled Society: The implications of autism for philosophy, theology and politics* (Jessica Kingsley, 2010)

Jane Goodall with Phillip Berman, *Reason for Hope: A spiritual journey* (Grand Central, 2003)

Jane Goodall and Douglas Abrams, *The Book of Hope: A survival guide for an endangered planet* (Viking, 2021)

James Goodman, *But Where Is the Lamb? Imagining the story of Abraham and Isaac* (Schocken Books, 2013)

Niall Griffiths, *Grits* (Vintage, 2001)

Elfed Gruffydd, *Llŷn* (Gwasg Carreg Gwalch, 2003)

Stanley Hauerwas, 'To be befriended: a meditation on friendship and the disabled', *Church Life Journal: A journal for the McGrath Institute for Church Life* (November 2019)

Gary Hayden, *Walking with Plato: A philosophical hike through the British Isles* (Oneworld, 2017)

Anne Hayward, *A Pilgrimage around Wales: In search of a significant conversation* (Y Lolfa, 2018)

Julian Heath, *Ancient Echoes: The early history of a Welsh Peninsula* (Gwasg Carreg Gwalch, 2006)

Martin Heidegger, *Being and Time* (State University of New York Press, 2010)

George Herbert, *The Complete English Poems* (Penguin Classics, 1992)

Thomas Hobbes, *Leviathan* (Penguin Classics, 2017)

A.E. Housman, *A Shropshire Lad and Other Poems* (Penguin Classics, 2010)

Gerard W. Hughes, *God of Surprises* (Darton, Longman and Todd, 1990)

Robert Hughes, *The Shock of the New: Art and the century of change* (Thames and Hudson, 1991)

Trystan Owain Hughes, *Finding Hope and Meaning in Suffering* (SPCK, 2010)

Drew Hunter, *Made for Friendship: The relationship that halves our sorrows and doubles our joys* (Crossway, 2018)

Lewis Hyde, *The Gift: How the creative spirit transforms the world* (Canongate, 2007)

Haley Goranson Jacob, *Conformed to the Image of His Son: Reconsidering Paul's theology of glory in Romans* (IVP Academic, 2018)

William James, *The Varieties of Religious Experience: A study in human nature* (Penguin Classics, 1985)

The Jewish Study Bible (Oxford University Press, 2014)

John of the Cross, *Dark Night of the Soul* (Dover, 2003)

Andrew Jones, *Pilgrimage: The journey to remembering our story* (BRF, 2011)

Julian of Norwich, *Revelations of Divine Love* (DS Brewer, 1998)

Carl Jung, *Memories, Dreams, Reflections* (Fontana, 1986)

Carl Jung and Wolfgang Pauli, *The Interpretation of Nature and the Psyche* (Ishi Press, 2012)

Erling Kagge, *Philosophy for Polar Explorers* (Viking, 2019)

Erling Kagge, *Walking: One step at a time* (Viking, 2019)

Paul Kammerer, *The Law of Seriality: A theory of recurrences in daily life and world events* (Jason David Bulkeley, 2024)

Timothy Keller, *The Timothy Keller Sermon Archive* (Redeemer Presbyterian Church, 2013)

Margery Kempe, *The Book of Margery Kempe* (Penguin Classics, 1985)

Søren Kierkegaard, *Fear and Trembling* (Penguin, 1985)

Søren Kierkegaard, *Concluding Unscientific Postscript to Philosophical Fragments* (Princeton University Press, 1992)

Brian Klaas, *Fluke: Chance, chaos, and why everything we do matters* (John Murray, 2025)

Karl-Josef Kuschel, *Laughter: A theological reflection* (SCM, 1994)

Belden C. Lane, *Landscapes of the Sacred: Geography and narrative in American spirituality* (Johns Hopkins University Press, 2001)

Belden C. Lane, *The Great Conversation: Nature and the care of the soul* (Oxford University Press, 2019)

William Large, *Levinas' Totality and Infinity: A reader's guide* (Bloomsbury Academic, 2015)

Peter J. Leithart, *Traces of the Trinity: Signs of God in creation and human experience* (Brazos, 2015)

Emmanuel Levinas, *Time and the Other* (Duquesne University Press, 1987)

C.S. Lewis, *The Four Loves* (William Collins, 1960)

C.S. Lewis, *The Problem of Pain* (Fount, 2002)

C.S. Lewis, *Surprised by Joy* (Collins, 2012)

C.S. Lewis, *The Horse and His Boy* (Harper Collins, 2015)

C.S. Lewis, *The Lion, the Witch, and the Wardrobe* (Harper Collins, 2015)

C.S. Lewis, *Prince Caspian* (Harper Collins, 2015)

Dorian Llywelyn, *Sacred Place, Chosen People: Land and national identity in Welsh spirituality* (University of Wales Press, 1999)

Richard Louv, *Last Child in the Woods: Saving our children from nature-deficit disorder* (Atlantic, 2010)

Martin Luther, *Lectures on Romans* (Westminster John Knox Press, 1961)

Martin Luther, *The Freedom of a Christian* (Crossway, 2023)

David McCord, *What Cheer: An anthology of American and British humorous and witty verse* (The Modern Library, 1955)

Gabriel Marcel, *Homo Viator: Introduction to the metaphysic of hope* (St Augustine's Press, 2010)

Gabriel Marcel, *The Mystery of Being* (Legare Street Press, 2023)

Karl Marx, *Economic and Philosophical Manuscripts of 1844* (Prometheus, 1988)

Marcel Mauss, *The Gift* (HAU, 2016)

Nick Mayhew-Smith, *The Naked Hermit: A journey to the heart of Celtic Britain* (SPCK, 2019)

Donella H. Meadows, *Thinking in Systems: A primer* (Chelsea Green Publishing, 2017)

Ann Memmott, 'Welcoming autistic people in our churches and communities', Diocese of Oxford, 2015

Maurice Merleau-Ponty, *The World of Perception* (Routledge, 2004)

Emma Mitchell, *The Wild Remedy: How nature mends us* (Michael O'Mara, 2019)

Jürgen Moltmann, *The Crucified God* (SCM, 1974)

Jürgen Moltmann, *The Church in the Power of the Spirit* (SCM, 1992)

Maud Monahan, *Life and Letters of Janet Erskine Stuart: Superior General of the Society of the Sacred Heart 1857 to 1914* (Forgotten Books, 2019)

John I. Morgans and Peter C. Noble, *Our Holy Ground: The Welsh Christian experience* (Y Lolfa, 2016)

Iris Murdoch, *The Sovereignty of Good* (Routledge, 2010)

Thomas Nagel, *Mind and Cosmos: Why the materialist Neo-Darwinian conception of nature is almost certainly false* (Oxford University Press, 2012)

Jean Napier, *Bardsey: Now and then* (Gwasg Carreg Gwalch, 2018)

Wallace J. Nichols, *Blue Mind: How water makes you happier, more connected and better at what you do* (Abacus, 2018)

John O'Donohue, *Anam Cara: Spiritual wisdom from the Celtic world* (Bantam, 1999)

Elizabeth Oldfield, *Fully Alive: Tending to the soul in turbulent times* (Hodder and Stoughton, 2024)

Thomas Jay Oord, *God Can't: How to believe in God and love after tragedy, abuse, and other evils* (SacraSage Press, 2019)

Graham Panes, *Voyages of the Celtic Saints* (Gwasg Carreg Gwalch, 2017)

Plato, *The Republic* (Penguin Classics, 2007)

Martin Plimmer and Brian King, *Beyond Coincidence: Stories of amazing coincidences and the mystery and mathematics that lie behind them* (Icon, 2019)

Stephen G. Post, *God and Love on Route 80: The hidden mystery of human connectedness* (Mango, 2019)

Sunita Puri, *That Good Night: Life and medicine in the eleventh hour* (Constable, 2019)

Richard Rice, *Suffering and the Search for Meaning: Contemporary responses to the problem of pain* (IVP Academic, 2014)

David Richo, *The Power of Coincidence: How life shows us what we need to know* (Shambhala, 2007)

Michael Rosen a Helen Oxenbury, *Rydyn ni'n Mynd i Hela Arth* (Walker Books, 1993, testun Cymraeg Mair Treharne, Uned Iaith Genedlaethol Cymru CBAC,1998)

Squire Rushnell, *When God Winks: How the power of coincidence guides your life* (Howard, 2018)

Oliver Sacks, *Gratitude* (Picador, 2015)

Michael J. Sandel, *The Tyranny of Merit: What's become of the common good?* (Penguin, 2021)

Gary E. Schwartz, *The G.O.D. Experiments: How science is discovering God in everything, including us* (Atria, 2007)

Rupert Sheldrake, *The Presence of the Past: Morphic residence and the habits of nature* (Icon, 2011)

Rupert Sheldrake, *Science and Spiritual Practices* (Coronet, 2017)

Peter Sills, *Light in the Darkness: Exploring the Path of Christian Hope* (Sacristy, 2020)

Suzanne Simard, *Finding the Mother Tree: Uncovering the Wisdom and Intelligence of the Forest* (Penguin, 2022)

Georg Simmel, *On Individuality and Social Forms*, edited by Donald N. Levine (University of Chicago Press, 1971)

James Bryan Smith, *Room of Marvels: A story about heaven that heals the heart* (IVP, 2020)

Phoebe Smith, *Wayfarer: Love, loss and life on Britain's ancient paths* (HarperNorth, 2024)

Dorothee Soelle, *Suffering* (Darton, Longman and Todd, 1975)

Aleksandr Solzhenitsyn, *The Gulag Archipelago 1918–1956* (Harper Perennial, 2007)

Susan Sontag, *Illness as Metaphor, AIDS and its Metaphors* (Penguin, 2009)

Peter Stanford, *The Extra Mile: A 21st century pilgrimage* (Continuum, 2011)

Galen Strawson, *Consciousness and its Place in Nature: Why physicalism entails panpsychism* (Imprint Academic, 2006)

John Swinton, *Becoming Friends of Time: Disability, timefullness, and gentle discipleship* (SCM Press, 2017)

Martyn Symington, *Sacred Britain: A guide to places that stir the soul* (Bradt, 2011)

David Tacey, *How to Read Jung* (Granta, 2006)

Donna Tartt, *The Goldfinch* (Abacus, 2014)

Barbara Brown Taylor, *God and Pain: The mystery of suffering* (Canterbury Press, 2018)

Charles Taylor, *A Secular Age* (Belknap Press, 2018)

R.S. Thomas, *Counterpoint* (Bloodaxe Books, 1990)

R.S. Thomas, *Mass for Hard Times* (Bloodaxe Books, 1992)

R.S. Thomas, *Collected Poems: 1945–1990* (W&N, 2000)

J.R.R. Tolkien, *The Silmarillion* (HarperCollins, 2013)

J.R.R. Tolkien, *The Lord of the Rings: The Two Towers* (HarperCollins, 2022)

Leo Tolstoy, *War and Peace* (Penguin Classics, 2007)

Graham Tomlin, *Why Being Yourself Is a Bad Idea: And other countercultural notions* (SPCK, 2020)

Ivan Turgenev, *The Diary of a Superfluous Man and Other Novellas* (Alma Classics, 2015)

Graham B. Usher, *Places of Enchantment: Meeting God in landscapes* (SPCK, 2012)

Iyanla Vanzant, *Trust: Mastering the four essential trusts* (Hay House, 2017)

Miroslav Volf, *Free of Charge: Giving and forgiving in a culture stripped of grace* (Zondervan, 2005)

The Way of a Pilgrim and The Pilgrim Continues His Way (Image, 2003)

Sally Welch, *Pilgrim Journeys: Pilgrimages for walkers and armchair travellers* (BRF, 2017)

J.E. Caerwyn Williams, Peredur I. Lynch, and R. Geraint Gruffydd (eds), *Gwaith Meilyr Brydydd a'i Ddisgynyddion* (University of Wales Press, 1994)

Rowan Williams, *Tokens of Trust: An introduction to Christian belief* (Canterbury Press, 2007)

Rowan Williams, *Open to Judgement: Sermons and addresses* (Darton, Longman and Todd, 2014)

Edward O. Wilson, *Biophilia: The human bond with other species* (Harvard University Press, 1990)

Peter Wohlleben, *The Hidden Life of Trees: What they feel, how they communicate – discoveries from a secret world* (William Collins, 2017)

William Wordsworth, *Collected Poems* (Penguin Classics, 2004)

N.T. Wright, *Evil and the Justice of God* (SPCK, 2006)

Philip Yancey, *Where Is God When It Hurts?* (Marshall Pickering, 1998)